Fünf-Elemente-Küche für vier Menschentypen

Monika Buchmann

Fünf-Elemente-Küche
für vier Menschentypen

100 Rezepte zwischen Yin und Yang

AT Verlag

© 2002
AT Verlag, Aarau, Schweiz
Fotos: Clara Tuma, Zürich
Illustrationen Seite 28, 52, 72, 90: Angela Zwahlen, Bern
Lithos: AZ Grafische Betriebe AG, Aarau
Druck und Bindearbeiten: Firmengruppe Appl, Wemding
Printed in Germany

ISBN 3-85502-769-2

Inhaltsverzeichnis

6 Vorwort

7 Einleitung
7 Kochen nach den fünf Elementen
8 Yin und Yang
9 Das Qi-Bild
10 Der Dreifache Erwärmer

**12 Die Bilder der fünf Elemente
und die Verbindung zum Menschen**
13 Die fünf Elemente und ihre Organzugehörigkeit
13 Die Yin- und Yang-Organe in den fünf Elementen
14 Erzeugungszyklus – Ernährungszyklus –
   Wandlung
14 Kontrollzyklus
15 Überwindung der Kontrolle
16 Folgen durch die Überwindung der Kontrolle
16 Das Bruder-Schwester-Bild
18 Widerspiegelung der Elemente in den Körper-
   teilen und Sinnesorganen
18 Element, Emotionen und stimmlicher Ausdruck
19 Die fünf Elemente im Zyklus der Jahreszeiten
19 Die Organuhr – ein biorhythmisches System

20 Elemente und Lebensmittel
20 Der Geschmack
22 Geruch und Element
23 Yin- und Yang-Eigenschaften von Lebensmitteln
24 Holzelement
24 Feuerelement
25 Erdelement
25 Metallelement
25 Wasserelement

26 Rezepte für die vier Menschentypen
26 Die Zusammenstellung der Mahlzeiten
27 Hinweise zu den Rezepten

25 Hitze

52 Trockenheit

72 Feuchte

90 Kälte

112 Ausgewogene Ernährung

133 Kleine Warenkunde
138 Lebensmittelzuteilung
142 Überbrückungshilfen zwischen den Elementen
143 Literaturverzeichnis
144 Rezeptverzeichnis

Vorwort

«Es kann dir jemand die Türe öffnen, hindurchgehen musst du selbst.»

Christin Astra

Durch meine Erfahrungen im Gesundheitswesen als Pharma-Assistentin und meine Weiterbildungen in der ganzheitlichen Medizin und Ernährung konnte ich beobachten, wie wichtig das tägliche Essen für unsere gesamte Fitness, unser Wohlbefinden, unsere Ausdauer und Gesundheit ist und welch gute Möglichkeiten wir mit einer bewussten Ernährung in der Hand haben, um unsere Gesundheit zu beeinflussen. Daraus entstand die Idee zu diesem Buch.

Bei der ganzheitlichen Ernährungsform nach den fünf Elementen handelt es sich um keine einseitige Diät. Ausgangspunkt sind die Lebensmittel als lebendige Einheit und ihre Fähigkeit, den gesamten Organismus in seinen Funktionen zu unterstützen. Das einzelne Nahrungsmittel wirkt im Menschen auf der psychischen, physischen und energetischen Ebene. Neben den fünf Elementen und dem Geschmack (sauer, bitter, süss, scharf und salzig) spielt das Wärmeverhalten eines Gerichts in Bezug auf den Körper die wichtigste Rolle. Vor diesem Hintergrund beginnt man zu verstehen, warum einem das eine Nahrungsmittel bekömmlich ist, ein anderes nicht. Kleine Veränderungen in den Essgewohnheiten, zum Beispiel morgens ein warmer Frühstücksbrei oder abends nach siebzehn Uhr keine Rohkost mehr, haben oft eine unerwartet grosse Wirkung auf unsere Lebensqualität. Diese Zusammenhänge anschaulich zu machen ist Sinn und Zweck dieses Buches.

Allen, die mir bei der Verwirklichung dieses Buches Türen öffneten, möchte ich meinen herzlichen Dank aussprechen:

Besonders meinem Mann; er ermunterte und unterstützte mich stets beim Schreiben dieses Buches. Zusammen verbrachten wir manche fröhliche Stunde in der Küche mit anschliessenden angeregten Gesprächen. Vielen Dank.

Meinen Lehrern, im Besonderen Ralf; sie haben ihr Wissen stets grosszügig und nachvollziehbar weitergegeben und mir so zu Verständnis und tieferen Einsichten verholfen.

Judith, Theres, Jeanine und Stefan; wir pflegen seit Jahren einen intensiven Gedankenaustausch und kochen regelmässig zusammen nach den fünf Elementen. Viele Erfahrungen verdanke ich diesen inspirierenden Runden. Ihre Hilfsbereitschaft war grossartig. Danke.

Vreni, sie hat mir eine Türe zum Verlag geöffnet.

Mein Dank geht weiter an alle stillen Helfer und Helferinnen, unter anderem Johanna, ihre Führung, aufmunternde Kraft und Zuversicht waren eine grosse Stütze für mich.

Einleitung

Kochen nach den fünf Elementen

Die Lehre des traditionellen chinesischen Systems der fünf Elemente hat dank der ununterbrochenen Überlieferung, direkten Beobachtungen, Erfahrungen und Gedankenaustausch bis heute ihre Gültigkeit bewahrt. Die einfache bildliche Art der Erklärungen für die Zusammenhänge und Abläufe in der Natur und im Menschen haben die gewonnenen Einsichten weiterleben lassen.

Auf den Menschen bezogen sind die fünf Elemente ein Hilfsmittel, um ein tieferes Verständnis der energetischen, psychischen und körperlichen Zusammenhänge zu gewinnen. In der Ernährung geht es im Wesentlichen darum, ausgehend von Erfahrungen und Beobachtungen die Wirkungsweisen der Lebensmittel zu verstehen und sie im Alltag sinnvoll anzuwenden. Nämlich die thermische Wirkung der Nahrungsmittel – wärmend, erhitzend, neutral, erfrischend, kühlend – und den Geschmack – süss, scharf, salzig, sauer und bitter –, ihre Wirkrichtung, ihre Botschaft und Information an das zugehörige Element. Im Weiteren geht es um den individuellen Bezug von Nahrungsmitteln auf ein Organ und ihre spezifische Wirkung. Die verschiedenen Lebensmittel können Säfte aufbauen, trocknen, beleben, das Blut nähren, sedieren, Fröhlichkeit oder Zorn fördern, ja selbst zu unserer Entschlusskraft oder Labilität beitragen.

Mit dem Kochen nach den fünf Elementen ahmen wir natürliche Energieverläufe im Körper nach. Auf diese Weise zubereitete Speisen sind bekömmlich und vitalisierend. Wir haben mit dieser Ernährungsform die Möglichkeit, Lebensmittel so auszuwählen, dass sie ganzheitlich unserer Gesundheit dienen. Wir berücksichtigen innere und äussere Faktoren wie: Kondition, Gefühle, Gedanken, bioklimatische Einflüsse, Wind, Kälte, Nässe, Trockenheit, Hitze, Arbeitsweise usw. Bei Unwohlsein gilt es, genau hinzusehen, welches Element oder Organ aus dem Gleichgewicht ist, welche Emotionen (Zorn, Ärger, Kleinmut, Grübeln, Trauer, Angst) uns übermässig belasten und damit das innere Gleichgewicht stören, in welcher Jahreszeit wir uns befinden, wie das Wetter, die Tageszeit ist, um bei der Speisenzubereitung möglicht gezielt darauf Einfluss zu nehmen. Die Küche wird so zur täglichen Gesundheitspraxis.

Eine gute Planung der Essenszubereitung lohnt sich. Ebenso bewährt es sich, einen Grundvorrat der benötigten Lebensmittel und Gewürze anzulegen. Kochen fängt beim Einkaufen an. Wir berücksichtigen dabei Produkte der jeweiligen Jahreszeit. Mit einer exakten Einkaufsliste haben wir alles, was wir brauchen, und schützen uns vor einem gedankenlosen und unnötigen Übervorrat.

Beim Kochen nach den fünf Elementen werden die Zutaten (Kräuter, Lebensmittel und Flüssigkeiten) bei der Zubereitung eines Gerichts in einer bestimmten Reihenfolge beigefügt, und zwar in der Folge der Elemente, also z.B. Erde, Metall, Wasser, Holz, Feuer, Erde. Mit welchem Element wir beginnen, hängt vom Rezept ab, ist aber nicht bedeutend, wichtig ist die Einhaltung der richtigen Reihenfolge. In diesem natürlichen Ablauf können sich die Elemente geschmacklich und energetisch zusätzlich unterstützen und ergänzen. Die zuletzt hinzugefügte Zutat ist die dominierende. Sie führt die Nährwirkung des Gerichts zum betreffenden Element beziehungsweise zu den entsprechenden Organen. Im Zyklus der Elemente zu kochen ist kein Muss, bringt aber eine zusätzliche Vitalisierung und Harmonisierung der Speisen. Wenn wir im Zyklus kochen, ist es gerade zu Anfang eine Erleichterung, die Lebensmittel und Gewürze in der Reihenfolge der Elemente bereitzustellen.

Das Kochbuch enthält bewusst vor allem vegetarische Rezepte und nur wenige mit Fleisch. Die Früchte der Erde wachsen wieder nach – es besteht ein Kreislauf. Fleisch erzeugt zudem in der Regel viel Wärme und sollte daher immer mit genügend Gemüse oder Salat kombiniert werden.

Im Buch sind eine grössere Zahl an Rezepten für Suppen, Salate und Gemüse enthalten, die sich auch gut als leichte Abendmahlzeit eignen. Nach der Organuhr ist morgens zwischen 7 und 11 Uhr die Erdzeit auf ihrem Höhepunkt, das heisst Magen und Milz/Bauchspeicheldrüse (Pankreas) haben das höchste Leistungsmass. Zu diesem Zeitpunkt wird besonders gut verdaut, und die Konzentrationsfähigkeit ist gesteigert. Zwischen 11 und 15 Uhr ist Herz-/Dünndarm-Zeit. Zwischen 15 und 19 Uhr ist Blasen-/Nieren-Zeit, die Verdauungsleistung nimmt ab (daher kein schweres Abendessen). Während der Nacht senkt und beruhigt sich das Yang und sammelt sich Yin (Feuchtigkeit). Ein warmes, bewegendes Getreide-Frühstück unterstützt die Mitte, belastet die Säfte nur wenig und sorgt für einen guten Start in den Tag. Fruchtsäfte, kalte Müesli und kalte Getränke spenden demgegenüber viel Feuchtigkeit und schwächen damit das Qi der Mitte.

Wichtig ist, dass wir unsere Mahlzeiten abwechslungsreich, mit Vergnügen, Liebe und Spontaneität zubereiten.

Yin und Yang

Die Begriffe Yin und Yang werden benutzt, um zwei Pole aufzuzeigen, die miteinander in enger Wechselbeziehung stehen, die sich gegenseitig fördern und einschränken. Yin steht für Ruhe und Kälte, Yang für Tätigkeit und Wärme. Beide brauchen einander: die

Yang-Tätigkeit ohne die Kraft der Ruhe verpufft wirkungslos, während Yin-Ruhe ohne die Tätigkeit des Yang ausdrucks- und wirkungslos bleibt. Sie sind keine Gegensätze, sondern ergänzen einander, beziehen sich aufeinander, stehen in Wechselwirkung miteinander.

Wir befinden uns in einem dauernden Wandel. Unser Körper ist darauf bedacht, einen Ausgleich zwischen Hitze und Kälte, Aktivität und Entspannung, Einatmen und Ausatmen zu schaffen.

Durch Müdigkeit, Hunger und Durst verspüren wir einen Energie-, Wärme- und Feuchtigkeitsmangel und gleichen diese Empfindungen durch Schlafen, Essen und Trinken aus. So halten wir unser körperliches und geistiges Wohlbefinden und unsere ungebrochene Lebenslust aufrecht. In dieser ausgeglichenen Stabilität fühlen wir uns gut, sie ist ein Ausdruck von Gesundheit. Yin und Yang sind im Gleichgewicht, es herrscht ein harmonisches Zusammenspiel zwischen Abbau und Aufbau.

Der stoffliche Teil unseres Organismus ist Yin. Dazu gehören das Blut (versorgt die Organe mit Nährstoffen und befeuchtet sie), innere Körperflüssigkeiten (befeuchten und nähren Haut, Muskeln, Gelenke, Hirn, Knochenmark, Ohren, Nase und Mund), Lymphe, Körpergewebe sowie die Speicherorgane Leber, Herz, Milz und Bauchspeicheldrüse (Pankreas), Lunge und Niere. Der Yang-Aspekt äussert sich in Wärme, Aktivität, Abwehrkraft und in den Hohlorganen Galle, Dünndarm, Magen, Dickdarm und Blase. Bewegungen, die als Yang bezeichnet werden, gehen nach oben und aussen. Kräfte, die man als Yin beschreibt, gehen nach innen und nach unten.

Grundsätzliches zu Yin und Yang

Yin und Yang stehen einander gegenüber und ergänzen einander, das eine gibt es nicht ohne das andere. Ihr Zusammenspiel zeigt unterbrochen Veränderung. Eine Jahreszeit gebiert die nächste. «Wenn die Nacht am tiefsten (Grosses Yin), ist der Tag am nächsten (Kleines Yang).» Es steht alles in Wechselwirkung miteinander.

Es gibt kein absolutes Yin und kein absolutes Yang, weil sie immer in Bewegung sind und sich dadurch verändern. Beispiel Wasser: Eisberg = Yin, Wasserdampf = Yang.

Yin und Yang beeinflussen einander gegenseitig auf dynamische Weise. Sie sind nicht statisch. Pole wie Freude und Leid, Krieg und Frieden, Hass und Liebe erscheinen uns unvereinbar; nach der Vorstellung von Yin und Yang bedingen sie einander und bilden zusammen eine Einheit.

Etwas ist immer Yin oder Yang im Verhältnis zu etwas anderem. Eine Yin- oder Yang-Qualität wird bestimmt durch den Vergleich mit dem jeweiligen Gegenstück. Wir fragen uns: Wie ist es, fest (Yin) oder beweglich (Yang), hell (Yang) oder dunkel (Yin), innen (Yin) oder aussen (Yang)?

Einige Beispiele für die Zuordnung nach Yin und Yang

Yin	Yang
dunkel	hell
Bewegung nach innen	Bewegung nach aussen
einatmen	ausatmen
absteigende Energie	aufsteigende Energie
kalt	warm
feucht	trocken
ruhend	bewegend
Blut	Qi
Speicherorgane	Hohlorgane
Bauch	Rücken
rechts	links

Das Qi-Bild

Bewegen, atmen, verdauen, Inspiration, Fantasie – im Moment des Tuns und Spürens erfahren wir Qi.

Qi wird im Wesen oft als das innere Energieniveau verstanden. Sein wichtigstes Kennzeichen ist die Bewegung, die Lebenstätigkeit, Lebensfähigkeit. Es ermöglicht uns alles Lebendige, Rhythmische, sich Wandelnde; wir können es auch Vitalität, Kraft, Energie nennen. Qi ist ein Energiezustand, dessen Form und Stoff nicht sichtbar sind.

In Bezug auf die Körperorgane bezeichnet Qi die normale Funktion der Organe, zum Beispiel ist Herz-Qi die Tätigkeit des Herzens, Leber-Qi die der Leber; es handelt sich also nicht nur um einen immateriellen Energiezustand. Ein Milz-Qi-Mangel kann bedeuten, dass die Verdauungsfunktionen geschwächt sind. Blockaden in den Leitbahnen des Qi, das in den Akupunkturmeridianen fliesst, kann zu Schmerzen und Beeinträchtigung führen.

Das Qi im Menschen ist eigentlich eine Mischung aus verschiedenen Energien. Einerseits handelt es sich um diejenigen Energien, die mit der Nahrung und der Atmung aufgenommen werden (dies sind die nachgeburtlichen Energien), und andererseits die von den Eltern ererbten und damit seit der Geburt vorhandenen (Erbenergie oder Ursprungsenergie). Diese Grundzutaten verbinden sich und werden in unterschiedlicher Weise transformiert, so dass daraus die verschiedenen Arten des Qi entstehen, die im Körper zirkulieren.

Verschiedene Arten von Qi

Qing Qi = Qi aus der Luft durch die Atmung, Atemenergie.
Gu Qi = Qi aus den Lebensmitteln, Nährenergie.
Sammel-Qi = Qing Qi und Gu Qi zusammen; das entstandene Gemisch durchströmt das ganze Körperinnere.
Wei Qi = Abwehr- und Schutzenergie. Diese zirkuliert direkt unter der Hautoberfläche und schützt uns gegen Nässe, Kälte, Hitze und Wind. Sie reguliert das Öffnen und Schliessen der Poren und hat damit Einfluss auf das Schwitzen, die Schweissproduktion, die

Wärmeregulation, die Körpertemperatur und die Infektabwehr. Diese Schutzenergie ist tagsüber an der Körperoberfläche und zieht sich nachts ins Körperinnere zurück. Wir reagieren deshalb nachts empfindlicher auf äussere Einflüsse.

Yuan Qi = Ursprungs-Qi, Erbenergie. Alle Menschen erhalten einen Teil ihrer Energie von den Eltern. Diese steht uns von Geburt an zur Verfügung. Diese angeborene Erbenergie können wir vergleichen mit einer Schüssel, die mit Energie gefüllt ist. Bei den einen Menschen ist die Schüssel ganz gefüllt, bei anderen vielleicht bis zur Hälfte. Im Laufe des Lebens zehren wir von unserer Ursprungsenergie. (Dieses Ursprungs-Qi hat seinen Sitz in den Nieren, dem Organ, das die Chinesen mit der Wurzel des Lebens gleichsetzen.) Ist die Erbenergie aufgebraucht, kann sie nicht mehr ersetzt werden. Sie kann nicht vermehrt, nur erhalten werden. Wir können durch eine unserer Konstitution angepasste Lebensweise haushälterisch mit unserem Yuan Qi umgehen. Unsere tägliche bewusste Ernährung ist ein Weg, unsere Substanz zu sparen. Wir bauen sie jeden Tag von aussen auf und können so sorgsam mit unseren Urkräften umgehen. Daher ist es nicht gleichgültig, was wir uns zuführen. Es kann uns belasten oder ernähren.

Funktionen von Qi

- Transportieren: Das Leber-Qi ist vor allem dafür zuständig, dass Blut zu den Augen, den Sehnen, den Haaren und der Haut transportiert wird.
- Wärmen: Unsere Körperwärme wird durch das Nieren-Qi aufrechterhalten.
- Schützen: Das Lungen-Qi verteilt die «Abwehrenergie» im ganzen Körper, besonders aber an der Hautoberfläche, und schützt so vor äusseren pathogenen Einflüssen.
- Halten: Das Milz-Qi ist die in der Mitte haltende Kraft, es ist das Qi des Erdelements im Menschen, die zusammenhaltende, Form gebende Kraft.

- Umwandeln: Das Qi ermöglicht Verdauung, Assimilation und Ausscheidung.

Der Dreifache Erwärmer

In der traditionellen chinesischen Medizin wird der Dreifache Erwärmer als ein Organ bezeichnet, das einen Namen, aber keine Form hat. Es handelt sich um ein Funktionsbild. Man spricht vom Oberen, Unteren und Mittleren Erwärmer.

Die Aufgabe des Dreifachen Erwärmers ist, durch die Atmung und durch Essen und Trinken aufgenommene Nährstoffe in körpereigene Nahrung umzuwandeln und daraus Energie und Substanz zu gewinnen; der Dreifache Erwärmer sorgt für das geordnete Fliessen von Qi auf allen Ebenen des Körpers, man kann sich ihn als Energieverteilernetz vorstellen. Der Dreifache Erwärmer ist zuständig für die harmonische Zusammenarbeit von Empfangen, Verdauen, Transformieren, Absorbieren, Nähren und Ausscheiden, also für die koordinierte Arbeit von Atmung, Kreislauf, Verdauung, Aufnahme, Klärung und Reinigung – kurz: für das gesamte Stoffwechselgeschehen.

Der Dreifache Erwärmer ist in drei Abschnitte gegliedert (für unser westliches Denken unter Zuhilfenahme von Organfunktionen erklärt):

Dem **Oberen Erwärmer** werden die Lunge, das Herz und der Kreislauf zugeordnet (entspricht dem Brustkorb). Er beeinflusst diese Organe auch mit seiner Energiezirkulation. Die Funktion der Lunge ist, das Qi aus der Atmung und das Qi aus der Nahrung (zusammen Zong Qi genannt) im Körper zu bewegen. Die Lunge beherrscht das Qi. Bildlich erfüllt sie die Funktion eines Deckels, der die hochkommenden feinsten Substanzen sammelt und durch ein Geflecht von Meridianen verteilt. Ausserdem führt die Lunge aufsteigende Feuchtigkeit im Körper wieder nach unten. Sie hat mit ihrer absteigenden Fähigkeit eine Verbindung zum Yin der Nieren und füllt somit das nachgeburtliche Qi auf; zudem steigt von der Blase reine Energie nach oben zur Lunge, wo sie sich mit kosmischer Energie vermischt; die Lunge sendet diese dann weiter zur Haut.

Im **Mittleren Erwärmer** werden die eingenommenen Lebensmittel durch die Verdauungsenzyme fermentiert zu Qi, der aus Nahrung und Flüssigkeit gewonnenen Lebenskraft. Dies ist die Quelle der nachgeburtlichen Energie. Der Mittlere Erwärmer entspricht der oberen Bauchhöhle unterhalb des Zwerchfells (der Topf beim Kochen) mit den Organen Magen, Milz, Bauchspeicheldrüse (Pankreas) und dem oberen Teil des Dünndarms. Hier wird die Bewegung der Nahrung kontrolliert. Die Feinstteile, eine leichte und reine Energie, steigen nach oben zum Oberen Erwärmer, das heisst zur Lunge. Der substanzielle Anteil, die unreine flüssige Energie, wird zum Dünndarm weitergeleitet.

Zum **Unteren Erwärmer** gehören Leber, Galle, Niere, Blase, Dünndarm und Dickdarm, dies entspricht dem Bereich Unterbauch und Becken, die er auch beeinflusst. Die Yang-Niere ist die Feuerquelle unter dem Topf. Sie ist die Wärmequelle aller Organe, des gesamten Dreifachen Erwärmers und damit des ganzen Menschen. Die Niere gilt als Hüterin unserer Grundkraft. Rein und Unrein wird nochmals im Dünndarm geschieden. Der unreine Anteil geht zur Ausscheidung weiter an den Dickdarm und die Blase. Der reine Anteil bildet die nachgeburtliche Substanz, nährt und befeuchtet den Organismus.

Am Bild des Dreifachen Erwärmers lassen sich Verdauungsprobleme anschaulich erklären. Sind zu wenig Holz (Yin-Niere) und Wärme (Yang-Niere) unter dem Topf, wird der Inhalt des Kessels zu wenig zum Brodeln gebracht (Yang-Milz); dann geschieht der Umwandlungsprozess der Lebensmittel in körpergerechte Substanzen nur ungenügend. Die Verdauung, Transformation, Verteilung, Ernährung und Ausscheidung im Körper sind belastet. Der Ursprung liegt oft in angespannten Emotionen, psychischer Überbelastung, äusseren pathogenen Einflüssen, in körperlicher Fehl-

belastung oder wird begünstigt durch ungeeignetes Essen. Vielleicht werden zu viel thermisch kalte, auch tiefgefrorene Lebensmittel und Speisen direkt aus dem Kühlschrank eingenommen. Dadurch wird die Mitte stark abgekühlt. Die Folgen sind Stagnationen von Qi und Flüssigkeiten; dem Körper fehlt die Energie zur Wärmebildung, der Transformationsprozess der Nahrungsmittel findet nicht richtig statt (im Topf kommt es nicht zum Sprudeln). Dies äussert sich in Qi-Mangel, Müdigkeit, Schweregefühl, Völleempfinden, Kälteerscheinungen, Feuchtestau, Übergewicht, Blutmangel, breiigem Stuhlgang usw.

Die Bilder der fünf Elemente und die Verbindung zum Menschen

Durch die fünf Elemente Holz, Feuer, Erde, Metall und Wasser werden die vielfältigen Wechselbeziehungen zwischen den verschiedenen Organen, Sinnesorganen, Körperstrukturen und Emotionen im menschlichen Organismus sowie zwischen Mensch und Umwelt dargestellt. Sie dienen als Orientierungshilfe und Erklärung für gewisse Grundregeln in diesen Beziehungen.

Bei den Elementen handelt es sich nicht um statische Zustände, sie stehen vielmehr in einer lebendigen Verbindung zueinander. Oft werden sie deshalb auch als Wandlungsphasen bezeichnet. Sie erzeugen und beeinflussen einander gegenseitig, das heisst die Phase des einen Elements bildet die Grundlage für die nächste Erscheinungsform. Sie ist aber auch abhängig von der vorangegangenen Wandlungsphase. Ebenso kontrollieren sich die Elemente gegenseitig und halten so die Balance im Zyklus der Elemente. Wenn die Energieverhältnisse in einem fliessenden Gleichgewicht sind, fühlen wir uns ausgeglichen, belastbar und harmonisch.

Die fünf Elemente und ihre Organzugehörigkeit

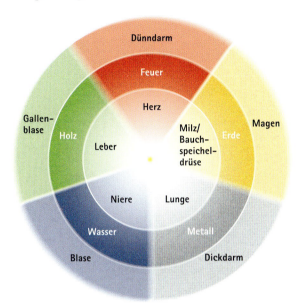

Die Yin- und Yang-Organe in den fünf Elementen

Speicherorgane, auch Zang-Organe genannt, sind Yin: Herz, Milz, Bauchspeicheldrüse (Pankreas), Lunge, Niere, Leber.

Hohlorgane (Werkorgane) oder Fu-Organe sind Yang: Dünndarm, Magen, Dickdarm, Harnblase, Gallenblase.

Erzeugungszyklus – Ernährungszyklus – Wandlung

Kontrollzyklus

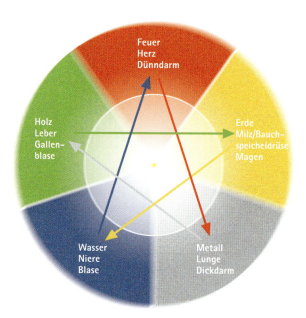

Das erzeugende Element ist die Mutter, das erzeugte Element ist das Kind. Dies ist die Mutter-Kind-Regel: Erzeugung und Ernährung.

Das Erzeugungselement Holz nährt das Feuer, das Erzeugungselement Feuer nährt die Erde, das Erzeugungselement Erde nährt das Metall, das Erzeugungselement Metall nährt das Wasser, das Erzeugungselement Wasser nährt das Holz.

Jedes Element hängt in seiner Leistungsentfaltung von der Ernährung durch das vorangehende Element ab.

Die Wandlung bezeichnet den Übergang von einem Element in das darauf folgende.

Mit Holz macht man Feuer. Wenn das Feuer niederbrennt, wird es zu Asche, zu Erde, im Innern ist sie verdichtet, sie enthält das Metall. Auf Metall kondensiert Wasser. Wasser bewirkt das Wachstum der Pflanzen, und damit sind wir wiederum beim Holz.

Ein gesundes Element fördert die Balance des übernächsten Elements im Zyklus.

Ohne Erzeugung wäre keine Geburt und keine Entwicklung möglich. Ohne Kontrolle führt unbegrenztes Wachstum zu Schaden. Jedes Wachstum hat seine natürlichen Grenzen.

Das ist die Grossmutter-Enkel-Regel: Kontrolle.

Die Grossmutter gibt dem Enkel die Führung und den Rückhalt (Kontrolle), die er für seine Entwicklung (Wachstum) braucht.

Reihenfolge: Wer kontrolliert wen?

Holz	kontrolliert (durchbricht) als Pflanze oder Baum die Erde.	Holz → Erde
Erde	kontrolliert (dämmt) Wasser.	Erde → Wasser
Wasser	kontrolliert (löscht) Feuer.	Wasser → Feuer
Feuer	kontrolliert (schmilzt) Metall.	Feuer → Metall
Metall	kontrolliert (schneidet) in Form von Säge oder Axt Holz.	Metall → Holz

Überwindung der Kontrolle

Folgen durch die Überwindung der Kontrolle

Normalerweise trägt der Enkel ebenso zum Gleichgewicht der Beziehung zur Grossmutter (Kontrollelement) bei wie umgekehrt. Ein schwacher Enkel räumt der Grossmutter ein Übermass an Kontrolle über ihn ein, was ein gesunder Enkel verhindert; ein zu stark gewordener Enkel hingegen rebelliert gegen die Grossmutter und schwächt sie (noch mehr).

Beispiel: Kontrollelement Metall → kontrolliert das Holzelement.

Der Enkel (Holzelement) wird dann rebellieren (die Kontrolle überwinden), wenn die Grossmutter (Metallelement) schwach ist.

Ein überstarkes Holzelement lehnt sich gegen das Metallelement auf und bringt dieses Element aus dem Gleichgewicht. Die Schwäche des Metallelements lässt das Holzelement wuchern.

Beispiel: Metallelement → Holzelement

Das Holzelement, der Enkel des Metallelements, hat sich der Kontrolle durch die Grossmutter, das Metallelement, entzogen. Seine eigene Aufgabe, die Kontrolle des Erdelements, übernimmt es als starke Autorität und unterdrückt das Erdelement im Übermass.

Die Folgen davon können sich in einer Störung im Erdelement, z.B. durch Magenprobleme, oder auch im Metallelement, z.B. durch Probleme mit der Haut, äussern. Zur Erinnerung: Die Mutter, das Erdelement, nährt ihr Kind, das Metallelement.

Fehlt das Erdelement im Holzelement ist der Bezug zur Mitte gestört. Die Sicherheit der Erde (Wurzeln) fehlen. Auf die Psyche bezogen bedeutet das eine allgemein aggressive Grundhaltung, Reizbarkeit, Ärger, Ungeduld, Yang-betonte Gemütserregungen; dadurch entsteht viel Hitze im Körper, die das Yin erschöpfen kann.

Das Bruder-Schwester-Bild

Zusammenfassung der verschiedenen Zyklen

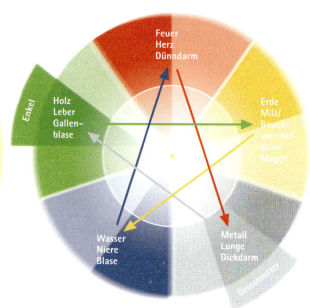

Dieses Bild beschreibt die Verbindung zwischen Yin und Yang innerhalb ein und desselben Elements. Ist ein Element in sich aus dem Gleichgewicht geraten, harmonisiert es sich selbst wieder mit der Hilfe seines Bruders, und zwar mit dem Elementengeschmack.

Jedes Element ist in der Lage, sich kurzfristig selbst zu helfen. Der Bruder unterstützt die Schwester. Sie bringen einander selbst wieder in die Balance. Längerfristig reguliert die nährende Mutter über den Ernährungszyklus ein Leere-Ungleichgewicht. Ein Füllezustand wird über die kontrollierende Grossmutter (Kontrollzyklus) ausgeglichen.

Beispiel: Ein niedriger Blutdruck bessert sich durch Kaffee, der Leerezustand im Feuerelement (Herz/Kreislauf) wird durch den bitteren Geschmack kurzfristig gebessert.

Erzeugungs-Ernährungs-Zyklus, Wandlung:	Mutter-Kind-Regel
Kontrollzyklus:	Grossmutter-Enkel-Regel
Bruder-Schwester-Bild:	Yin und Yang innerhalb eines Elements

Zusammenfassung: Veränderungen in den Elementen

Übertreibung der Kontrolle

Beispiel: Ein starkes Feuerelement, die Grossmutter, kontrolliert nicht, sondern unterdrückt ihren Enkel, das Metallelement. Dieser wird schwach. Es entstehen daraus Schwärmereien, Übereifer, Hyperaktivität; der Sinn für das Wesentliche ist geschwächt, die positiven Eigenschaften des Metallelements, des Enkels, kommen zu kurz, es fehlt an Struktur. Organisch kann sich dies z.B. in Problemen mit dem Stuhlgang oder in Hautproblemen äussern.

Überwindung der Kontrolle

Beispiel: Ein schwaches Feuerelement (Grossmutter) ist dem starken Metallelement (Enkel) nicht gewachsen; er rebelliert gegen die Kontrolle durch die Grossmutter, überwindet sie. Zu wenig Feuer im Metall bewirkt eine starre Haltung und kann einen Mangel an Lebensfreude bedeuten. Es fehlen die Eigenschaften der Grossmutter, des Feuerelements (z.B. Esprit). Das kräftige Metallelement unterdrückt nun selbst als die Grossmutter des Holzelements diesen ihren Enkel im Übermass und behindert so seinen freien Fluss. Das Holzelement kann als Mutter des Feuerelements nun ihr Kind, das Feuer, nicht genügend nähren.

Unterernährung des Kindes durch die Mutter

Beispiel: Die Mutter, das Erdelement, nährt ihr Kind, das Metallelement, zu wenig. Der Übergang von der Erde zum Metall ist gestört. Unsicherheit, Schwierigkeiten mit dem Lernen aus Erfahrungen, Verhaftetsein, Zaudern oder Kraftlosigkeit können sich aus diesem Bild ergeben. Die Eigenschaften der Mutter Erde, das Vertrauen, fehlen.

Das Kind schwächt die Mutter

Beispiel: Das Kind, ein geschwächtes Metallelement, entzieht seiner Mutter, dem Erdelement, zu viel Energie; die Mutter, das Erdelement, wird erschöpft. Eindrücke liegen einem schwer im Magen und im Bauch. Daraus können Müdigkeit und Konzentrationsmangel entstehen, in der Lunge Feuchtigkeitsprobleme. Die Eigenschaften der Mutter, der Verdauung, werden geschwächt.

Ein Element ist aus dem Gleichgewicht: Bruder-Schwester-Bild

Beispiel: Eine Leberleere (kraftloses Gefühl im Bewegungsapparat) kann innerhalb des Elements kurzfristig durch den sauren Geschmack gebessert werden.

Es ist sicher nicht ganz einfach, das Beziehungsgeflecht der Elemente auf den ersten Blick zu verstehen. Indem man sich hineindenkt und sich damit vertraut macht, erkennt man aber bald die logischen Grundsätze und Zusammenhänge.

Die verschiedenen Zyklen zeigen, dass Erzeugung, Ernährung und Kontrolle einander in einem fliessenden Gleichgewicht bedingen. Wird eine Energie zu stark, leidet eine andere. Alles ist in Bewegung und im Wandel. Man beginnt zu verstehen, dass in einem solchen Geflecht die Veränderung eines Umstands unweigerlich auch Veränderungen seiner Partner nach sich zieht.

Widerspiegelung der Elemente in den Körperteilen und Sinnesorganen

Element, Emotionen und stimmlicher Ausdruck

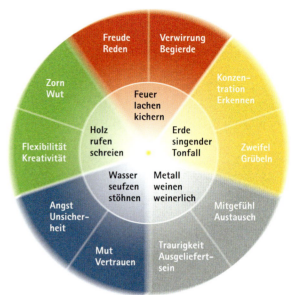

Bildlich gesprochen bildet das Element die Wurzeln, die äusseren Merkmale bilden die Äste.

Das gesunde Element widerspiegelt sich harmonisch und schön im entsprechenden Körperteil oder Sinnesorgan; bei Disharmonien irgendwelcher Art in einem Element wirkt sich dies auch auf die äusseren Merkmale aus. Bandscheibenleiden (Knochen) beispielsweise deuten auf ein energetisch geschwächtes Wasserelement hin.

Im Austausch zwischen Gedanken und Gefühlen entsteht die Emotion. Zorn, Wut, Verwirrung, Zweifel, Trauer, Angst sind Empfindungen, die wir als belastend empfinden; sie behindern den freien Fluss im Kreislauf der Elemente. Kreativität, Freude, Begreifen, Konzentration, Gerechtigkeit, Mut und Vertrauen fördern uns und verleihen einen guten Antrieb.

Leben heisst fühlen. Sind die Kräfte der Elemente im energetischen Gleichgewicht, sind wir imstande, alle Empfindungen zu fühlen und zu leben, mit ihnen umzugehen und in Form eines Kreislaufs vorwärtszugehen. Eine Idee, Holzelement, braucht die Begeisterung des Feuers, die Konzentration der Erde, die Struktur des Metalls, den Mut und die Willenskraft des Wassers zur Verwirklichung, sonst stockt die Ausführung; es bleibt beim Wollen und kommt nicht zum Tun.

Die fünf Elemente im Zyklus der Jahreszeiten

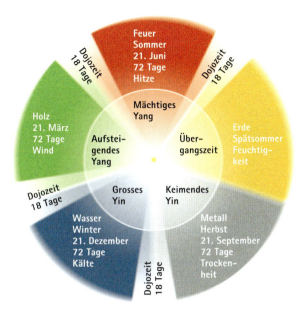

Die Organuhr – ein biorhythmisches System

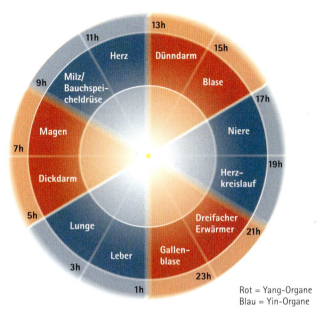

Rot = Yang-Organe
Blau = Yin-Organe

Ein Kalender mit dem Zyklus der Jahreszeiten hilft uns, uns der verschiedenen Jahreszeiten bewusst zu werden. Im Jahreskreis widerspiegelt sich die auf der Erde herrschende Polarität. Es verändern sich Yin und Yang, und deshalb ist es auch sinnvoll, Lebensmittel angepasst an die jeweilige Jahreszeit zu geniessen.

Der altchinesische Kalender umfasst vier Jahreszeiten mit jeweils 72 Tagen. Dazwischen liegen jeweils die so genannten 18 Dojotage. Während diesen 18 kosmischen Übergangstagen, in denen sich die folgende Jahreszeit mit der ihr eigenen Energie vorbereitet, stellt sich der Körper auf die neue Jahreszeit ein. Es hat sich gezeigt, dass wir in diesen Tagen allgemein anfälliger und empfindlicher auf äussere Einflüsse reagieren. Wir sollten während diesen Phasen besonders achtsam sein, uns ausgewogen und bewusst ernähren und damit unsere Stabilität fördern. Dabei unterstützen uns vor allem die Lebensmittel aus dem Erdelement.

Alles im Universum wie auch im Organismus des Menschen geschieht gesetzmässig nach bestimmten Rhythmen, wie dem Ablauf von Tag und Nacht und den Jahreszeiten. Auf der Grundlage des Wissens um diese Rhythmen entstand die Organuhr, die den Ablauf von 24 Stunden in regelmässige Phasen unterteilt.

Die angegebenen Zeitabschnitte zeigen den höchstens zweistündigen maximalen Energiefluss, der über die Meridiane jeweils ein Organ durchflutet; dieses befindet sich dann in der so genannten Fülle. 12 Stunden später ist der Meridian und das Organ im entgegengesetzten Zustand, dem der Leere. Die Organuhr kann eine Orientierungshilfe sein, um die verschiedenen Befindlichkeiten seelischer und körperlicher Art besser zu verstehen, zum Beispiel, wenn man nachts immer zur gleichen Zeit aufwacht oder Schmerzen regelmässig zur selben Zeit auftreten. Ein Blick auf die Organuhr kann einen Hinweis auf das an der Störung beteiligte Organ geben.

Elemente und Lebensmittel

Bei der Geschmacksqualität Yin ist die Bewegung nach unten, die Energie nach innen gerichtet (sauer, bitter).

Bei der Geschmacksqualität Yang ist die Bewegung nach oben, die Energie nach aussen gerichtet (süss, scharf).

Der Geschmack

Der Geschmack ist die Wahrnehmung von sauer, bitter, süss, scharf und salzig. Er ist an ein flüssiges Medium gebunden; deshalb schmecken wir nur, was im Wässrigen auflösbar ist. Der Speichel hat einen massgeblichen Anteil am Geschmacksempfinden. Es läuft uns das Wasser im Mund zusammen, wenn wir etwas Schmackhaftes essen oder sogar nur daran denken oder es sehen.

Jedes Lebensmittel, jedes Kraut und Gewürz hat einen bestimmten, ihm eigenen Geschmack. Dieser stellt einen Bezug zu einem Element und damit zu einem Organpaar her. Der Geschmack des Elements unterstützt die dazugehörigen Organe in ihrer Funktionstüchtigkeit. Er beeinflusst nicht nur die Organe, Magenentzündungen sondern hat auch psychische und emotionale Auswirkungen.

Das Verlangen nach einem bestimmten Geschmack kann ein Hinweis auf einen Mangel im entsprechenden Element sein. Umgekehrt vermeiden wir einen Geschmack bei einer Fülle im betreffenden Element. Wir verbinden den Geschmack mit dem entsprechenden Element. Beispiel: Apfelmus baut Blut und Säfte auf, am Schluss wenig Zitronensaft oder Sauerrahm (etwas Saures) beifügen, damit die Wirkung direkt die Leber erreicht beziehungsweise in diesem Fall das Holzelement (= Leberblut) nährt.

Der saure Geschmack gehört zum Holzelement (Leber/Gallenblase). Die Bewegung ist nach unten und die Energie nach innen gerichtet.

$$\downarrow\downarrow\downarrow \quad \rightarrow\downarrow\leftarrow$$

Geschmacksauswirkung: Yin, meist kühlend, zusammenziehend, adstringierend, immobilisierend, sammelnd, bindend und einschnürend. Im Holzelement entfernen sich Energie und Substanz leicht.

Der saure Geschmack bewahrt die Säfte, hält das Nieren-Qi, z.B. bei Inkontinenz. Eine wenig saure Ernährung stärkt das Leber-Yin. Saures wird bei Trockenheitssymptomen zusammen mit dem süssen Geschmack und/oder blutaufbauenden Kräutern und Beeren verwendet. Es kann Schweisssekretion, Fliessschnupfen und Durchfall kontrollieren. Bei Menschen, die an chronischen Schmerzen der Sehnen leiden, bei atrophischen Erkrankungen der Muskulatur, Weichteilrheumatismus, Magenentzündungen und bei Qi-Stagnationen im Körper sollte es sparsam verwendet werden.

Der bittere Geschmack gehört zum Feuerelement (Herz/Dünndarm, Kreislauf). Die Bewegung ist nach unten und die Energie nach innen gerichtet.

$$\downarrow\downarrow\downarrow \quad \rightarrow\downarrow\leftarrow$$

Geschmacksauswirkung: Yin, oft kühlend, austrocknend, festigend, absenkend, entzündungshemmend, abführend (Bittersalz, Glaubersalz) und nach unten ausleitend. Der Geschmack hat die Aufgabe, die Hitzeneigung des Herzens auszugleichen.

Der bittere Geschmack besänftigt Hitze und Nässe durch vermehrte Harn- und Stuhlausscheidung, beruhigt widerspenstiges Qi, wirkt reinigend. Er geht zu den Knochen. Deshalb sollte ein Übermass dieses Geschmacks (z.B. Kaffee) bei Knochenerkrankungen, bei Blut- und Säftemangel, Durchfall, Yang-Schwäche und Erschöpfungszuständen vermieden werden.

Der süsse Geschmack (bevorzugt wird die natürliche Süsse) gehört zum Erdelement (Milz, Bauchspeicheldrüse/Magen). Die Bewegung ist nach oben und die Energie nach aussen gerichtet.

$$\uparrow\uparrow\uparrow \quad \leftarrow\uparrow\rightarrow$$

Geschmacksauswirkung: Yang, stärkt die Mitte, wirkt harmonisierend (ein ausgeglichener Blutzuckerspiegel hat eine harmonisierende Wirkung auf das Gehirn und die Psyche), kräftigend (bei Schwächesymptomen stärkend), entspannt die Leber, emotional ausgleichend, befeuchtend (Honig befeuchtet die Schleimhäute). Zu diesem Element gehört eine sammelnde und nährende Aufgabe. Es ist der wichtigste Geschmack, da er einen Mangel an Qi, Blut und Säften beheben kann. In der Temperaturqualität sind Lebensmittel und Kräuter von heiss bis kalt vertreten.

Der süsse Geschmack wird zur Stärkung bei Leerezuständen eingesetzt. Süss zusammen mit scharf tonisiert das Yang und wärmt. Der süsse neutrale Geschmack tonisiert das Qi, die Vitalität; süss-warm tonisiert das Blut; süss-kühlend tonisiert die Säfte; süss-sauer tonisiert Yin. Dieser Geschmack geht zu den Muskeln. Ein Übermass von denaturiertem süssem Geschmack kann eine Muskelschwäche begünstigen und den freien Fluss des Qi blockieren, was Müdigkeit, Schleimbildung, Feuchtigkeit, Konzentrationsmangel, Völlegefühl und Übergewicht nach sich ziehen kann.

Der scharfe Geschmack gehört zum Metallelement (Lunge/Dickdarm). Die Bewegung ist nach oben und die Energie nach aussen gerichtet.

$$\uparrow\uparrow\uparrow \quad \leftarrow\uparrow\rightarrow$$

Geschmacksauswirkung: Yang, meist stark wärmend, zerstreuend, Stagnationen auflösend, Energiezirkulation belebend, Oberflächen befeuchtend (schweisstreibend), die Säfte bewegend, durchblutungsfördernd. In diesem Element ist Zirkulation nötig, damit es nicht zu Verschleimung und Stagnation kommt.

Der scharfe Geschmack verteilt (er verteilt nur, nährt nicht!), wirkt anregend und wird auch zur Vertreibung pathogener Faktoren (wie eingedrungene Kälte oder akute fieberhafte Erkrankungen) eingesetzt; das Scharfe öffnet die Oberfläche. Mässige scharfe Ernährung stärkt das Lungen-Qi, fördert die Atmung und regt das Yang der Mitte an. Scharfes sollte bei Qi-Mangel vorsichtig verwendet werden (verbraucht Energie), ebenso bei Säftemangel, da es zu stark zerstreuend wirken kann und durch seine wärmende Wirkung der Substanz- und der Flüssigkeitsanteil verloren gehen; ebenso ist bei Hitzekonstitution (Magenhitze, Gastritis, Schwindel), Augenentzündungen, Muskelkrampfneigung und bei hohem Blutdruck (Wirkungsrichtung nach oben) Vorsicht geboten. Vegetarier verschaffen sich mit ein wenig scharfem Geschmack (Ingwer, Nelke, Lorbeer usw.) Wärme und Yang.

Der salzige Geschmack gehört zum Wasserelement (Niere/Blase). Die Bewegung und Energie sind nach unten und oben, innen und aussen gerichtet.

↑↑↑   ←↑→
↓↓↓   →↓←

Geschmacksauswirkung: Yin, aufweichend bei Schleimstagnationen, abführend, absenkend, Verhärtungen aufweichend, manchmal trocknend und Yang (z.B. einige Fischsorten). In der Niere kann es zu Ablagerungen kommen, da sehr viel gefiltert wird; Salz weicht auf.

Der salzige Geschmack wird bei Verstopfung, Schwellung, Verhärtung von Muskeln und Drüsen verwendet. Er kann das Blut trocknen und sollte bei Blutmangel und Erkrankungen des Gefässsystems vorsichtig eingesetzt werden. Er hat über den Kochsalzkreislauf einen Bezug zu Magen und Milz, Quellen von Trockenheit und Feuchtigkeit, er regt das Magenfeuer an. Da Salz meist eine kühlende Energie hat, ist es bei Yang-Mangel der Milz und Nieren sparsam zu verwenden, da sonst Ödeme entstehen können.

Geruch und Element

Durch die Nase nehmen wir auf subtile Weise Beziehung zu den Gerüchen auf. Sie sind Energieteilchen, die viel flüchtiger sind als die Geschmacksteilchen. Der Duft gelangt durch die Atmung über die Lunge, das Verteilerorgan des Geruchs, schnell in den Organismus. Er ist der feinstofflichste Anteil in der Nahrung. Seine Wirkung liegt eher im geistigen Bereich, etwa in der Kreativität, Konzentration, Motivation.

Natürliche Gerüche spielen in anderer Hinsicht ebenfalls eine wichtige Rolle: Der Duft der Körperausdünstung und von Ausscheidungen kann mit seiner speziellen Note auf ein bestimmtes Element hinweisen, etwa fauliger Mundgeruch bei Karies oder anderen ernsthaften Erkrankungen im Mund, ein ranziger Geruch bei Jugendlichen in der Pubertät. Unsere Parfumindustrie macht uns die Identifikation jedoch nicht immer leicht.

• Der Geruch von Ranzigem, Saurem, Fettem gehört zum Holzelement.

- Der Geruch von Verbranntem, Verkohltem gehört zum Feuerelement.
- Ein wohlriechender, duftender, aromatischer (schwerer, betäubender) Geruch gehört zum Erdelement.
- Ein muffiger, penetranter, fischiger Geruch gehört zum Metallelement.
- Der Geruch von Fauligem, Geronnenem, Verdorbenem gehört zum Wasserelement.

Yin- und Yang-Eigenschaften von Lebensmitteln

Ziel der Ernährung nach den fünf Elementen ist, durch die Nahrungsaufnahme ein harmonisches Gleichgewicht von Yin und Yang in uns herzustellen. Die Nahrung soll uns jene Energie zuführen, die wir benötigen, um Fehlendes aufzubauen und Überflüssiges auszuscheiden. Damit erreichen wir eine Stabilisierung unserer Mitte und eine innere Harmonie im Einklang mit den verschiedenen Einflüssen der Umwelt, die uns Tatkraft gibt.

Die ersten Kriterien zur Einteilung der Lebensmittel sind die thermische Wirkung und der Geschmack. Weitere Einteilungsprinzipien sind: Wirkungsrichtung, Meridianweg und die Zuordnung zu den fünf Elementen.

Die **thermische Wirkung** bezieht sich auf den Wärmegrad, den ein Lebensmittel im Organismus erzeugt. Langsam wachsende Pflanzen haben eher erwärmende Eigenschaften, stark gedüngte wachsen schneller und sind deshalb meist kühlend. Wächst ein Lebensmittel in einer warmen Jahreszeit oder stammt es aus einem warmen oder heissen Klima, dann hat es oft eine kühlende und befeuchtende Qualität. Gelagerte Lebensmittel werden konzentrierter und damit ebenfalls wärmer. Auch technisch behandelte, veränderte oder konzentrierte Lebensmittel werden dadurch meist wärmer.

Yang, das heisst warm und heiss, sind zum Beispiel Hafer, Lauch, rote Trauben, Lorbeerblatt, Baumnüsse Lammfleisch usw.

Yin, das heisst kalt und kühlend, sind Dinkel, Weizen, Zucchini, Broccoli, Tomate, grüner Salat, Apfel, Birne usw.

Durch die Wahl der Nahrungsmittel nach ihrer thermischen Wirkung können wir unseren Stoffwechsel und unsere Physiologie individuell beeinflussen. Ganz allgemein ausgedrückt gilt: Heisse Nahrung erhitzt den Körper, kalte Speisen kühlen ihn ab.

Geschmack: Süss und scharf ist Yang, bitter, sauer und salzig ist Yin (salzig ist manchmal auch Yang). Nähere Ausführungen dazu im Kapitel «Geschmack», Seite 20.

Die **Wirkungsrichtung** der Nahrungsmittel bezeichnet jene Richtung, in der sich das Qi der Speisen bewegt: Yang wirkt aufwärts, emporhebend, bringt nach aussen, an die Oberfläche. Yin wirkt absteigend, nach unten drückend, nach innen gehend, verankert in der Tiefe.

Die **Meridianwege** lassen sich aus den Erfahrungen und Beobachtungen der Wirkungsweise von Lebensmitteln erschliessen. Über die Leitbahnen wirken die Lebensmittel auf die Organe und entfalten ihre spezifische Heilwirkung. Karotten zum Beispiel stärken das Nieren-Yang und das Milz-Qi, senken das Magen-Qi ab und helfen bei Übelkeit und Durchfall.

Die Zuordnung der Lebensmittel und Gewürze zu den **fünf Elementen** geschieht anhand ihrer Geschmacksbotschaft. Eine Ausnahme bilden Fleisch, Getreide und Hülsenfrüchte: Sie sind eigentlich geschmacklich süss, werden aber aufgrund anderer Unterscheidungsmerkmale den Elementen zugeteilt.

Holzelement

Organ: Gallenblase = Yang
Leber = Yin
Sinnesorgan: Augen, sehen
Körperliche Entsprechung: Muskeln, Sehnen, Fingernägel
Stimmlicher Ausdruck: rufen, schreien
Geruch: ranzig
Farbe: grün, türkis, hellblau
Gefühl: Kreativität, Flexibilität, zupackend, Zorn, Ärger, Wut, zielgerichtet
Jahreszeit: Frühling
Lebensmittel: Weizen, Dinkel, Grünkern, Sprossen, Keime, Geflügel, saures Obst
Geschmack: sauer, Yin →↓←
Tageszeit: nachts 23–3 Uhr

Holz **nährt** das Feuer, Metall **kontrolliert** das Holz, Holz **kontrolliert** die Erde.

Feuerelement

Organ: Dünndarm = Yang
Herz = Yin
Sinnesorgan: Zunge, sprechen
Körperliche Entsprechung: Blutgefässe, Zungenspitze, Ausstrahlung
Stimmlicher Ausdruck: lachen, kichern, hysterisch lachen
Geruch: verbrannt
Farbe: rot, orange, pink, rosa
Gefühl: Freude, Begeisterung, Klarheit, Esprit, Hingabe, Gier, Verwirrung, Kleinmut
Jahreszeit: Sommer
Lebensmittel: Roggen, Buchweizen, Blüten, bittere Kräuter und Gemüse
Geschmack: bitter, Yin →↓←
Tageszeit: mittags 11–15 Uhr

Feuer **nährt** die Erde, Wasser **kontrolliert** das Feuer, Feuer **kontrolliert** das Metall.

Erdelement

Organ: Magen = Yang
Milz/Bauchspeicheldrüse = Yin
Sinnesorgan: Mund, schmecken
Körperliche Entsprechung: Bindegewebe, Mundraum,
Lippen, Eierstöcke, Hoden, Thymusdrüse
Stimmlicher Ausdruck: singen
Geruch: aromatisch, wohlriechend
Farbe: gelb, braun, golden
Gefühl: Konzentration, begreifen, vertrauen, bodenständig,
zweifeln, grübeln, wenig Stehvermögen
Jahreszeit: Spätsommer
Lebensmittel: Mais, Hirse, Nüsse, Knollengemüse, Öle,
Fette, Rind
Geschmack: süss, Yang $\leftarrow\uparrow\rightarrow$
Tageszeit: morgens 7–11 Uhr

Erde **nährt** das Metall, Holz **kontrolliert** die Erde,
Erde **kontrolliert** das Wasser.

Wasserelement

Organ: Blase = Yang
Niere = Yin
Sinnesorgan: Ohren, hören
Körperliche Entsprechung: Kopfhaare, Knochen, Augen-
brauen, Zähne, Gebärmutter, Gelenke
Stimmlicher Ausdruck: stöhnen, seufzen
Geruch: faulig
Farbe: schwarz, dunkelblau, dunkelviolett
Gefühl: Weisheit, Wille, Scharfsinn, Angst, Furcht, Panik,
Schreckhaftigkeit, Gelassenheit
Jahreszeit: Winter
Lebensmittel: Hülsenfrüchte, Bohnen, Meeresgemüse,
Lagergemüse, Fisch
Geschmack: salzig, Yin $\leftarrow\uparrow\downarrow\rightarrow$
Tageszeit: mittags 15–19 Uhr

Wasser **nährt** das Holz, Erde **kontrolliert** das Wasser,
Wasser **kontrolliert** das Feuer.

Metallelement

Organ: Dickdarm = Yang
Lunge = Yin
Sinnesorgane: Nase, wittern, riechen
Körperliche Entsprechung: Haut, Körperhaare, Unterlippe,
Kehle
Stimmlicher Ausdruck: weinen
Geruch: muffig, penetrant
Farbe: weiss, grau, silbern
Gefühl: Genauigkeit, Struktur, Urteilsfähigkeit,
Selektion, Wertschätzung, Traurigkeit, nicht abgrenzen
können, Selbstwertproblem
Jahreszeit: Herbst
Lebensmittel: Reis, weisses Gemüse, Rettich, Zwiebel, Wild-
fleisch
Geschmack: scharf, Yang $\leftarrow\uparrow\rightarrow$
Tageszeit: morgens 3–7 Uhr

Metall **nährt** das Wasser, Feuer **kontrolliert** das Metall,
Metall **kontrolliert** das Holz.

Rezepte für die vier Menschentypen

Die Zusammenstellung der Mahlzeiten

Der moderne Mensch hat den Bezug zur natürlichen Nahrung – durch das grosse Angebot, dadurch, dass alles jederzeit erhältlich ist, und durch Überflutung mit industriell hergestellter Kost – häufig verloren. Man isst zwar, aber nährt sich nicht unbedingt. Wie aber sieht eine Ernährung aus, die substanziell wie energetisch den augenblicklichen Anforderungen entspricht, im wahren Sinn des Wortes nährend ist, Lebensqualität, Freude und Genuss vermittelt?

Erfahrungsgemäss gibt es verschiedene gut erkennbare Typenneigungen. Die vier am häufigsten anzutreffenden Erscheinungsbilder sind: Hitzeüberschuss, Trockenheit, Feuchte (Fülle an Flüssigkeit) und Kälte (Mangel an Wärme). Den eigenen Typ erkennen Sie leicht, wenn eine grössere Anzahl der aufgeführten Merkmale auf Sie zutreffen oder Sie sich von einem der Typenbilder sofort angesprochen fühlen. Für jeden Typ gibt es bestimmte Lebensmittel und Kochmethoden, die eher zu meiden, und andere, die besonders empfehlenswert sind. Dies erleichtert die Zusammenstellung der Mahlzeiten.

Es wird aber auch gezeigt, wie ein und dasselbe Kochrezept auf einfache Weise für die verschiedenen Erscheinungsbilder abgewandelt werden kann. Dadurch lernt man, die Nahrungsmittel und Gewürze ganz dem persönlichen Bedürfnis entsprechend zu kombinieren. Auch ein Lieblingsrezept kann individuell mit kleinen Veränderungen den eigenen typgerechten Bedürfnissen angepasst werden und wird dadurch gut verträglich.

Im Zusammenspiel von Lebensmitteln und Kräutern sowie der Art der Zubereitung verändern sich der Geschmack und die Thermik eines Gerichts. Yang-betont ist braten, frittieren, grillen, backen oder kochen im Dampfkochtopf, eher Yin-betont ist dämpfen, dünsten, sieden, blanchieren und im Wasserbad garen.

Die verschiedenen Erscheinungsbilder Hitze, Trockenheit, Feuchte und Kälte können ihre Ursache im Klima, der Jahreszeit, der Arbeitsweise, körperlicher Über- und Fehlbelastung, in pathogenen Einflüssen, in Gemütsbewegungen wie Überforderung, Unzufriedenheit, Sorgen, Trauer, Wut, Grübeln oder in einer ungeeigneten Auswahl und Zubereitung der Lebensmittel haben (siehe Typenbeschreibungen Seite 28, 52, 72 und 90). Viele Menschen stehen heute unter dem Einfluss einer belastenden Lebens- und Ernährungsweise, woraus sich viele Unpässlichkeiten entwickeln. Hier wirkt die Ernährung nach den fünf Elementen sehr hilfreich. Nach einer gewissen Zeit der typgerechten, angepassten Ernährung ist das innere Gleichgewicht meist wieder hergestellt. Hitze wird gemindert und abgesenkt. Kälte weicht einem wohlig warmen Befinden. Feuchtigkeit wird ausgeleitet und deren Neubildung vermieden. Blut und Säfte werden aufgebaut. Belastbarkeit und Zufriedenheit steigen. Sobald dieser Zustand erreicht ist, geht man zu einer ausgewogenen Ernährung zur Stärkung der Mitte über. Auch dazu finden sich Rezepte im Buch (siehe Seite 112 ff.).

Die Erde ist das Zentrum, die Mitte, aus der sich die anderen Elemente entfalten können. In der Mitte liegt die Kraft, in der Mitte liegt die Ruhe. Die Erde ist das, was die fünf Wandlungsphasen und die vier Jahreszeiten zusammenführt. Holz, Feuer, Metall, Wasser, sie alle haben ihre eigenen Aufgaben. Wenn sie sich jedoch nicht auf die Erde als Zentrum beziehen, stürzen alle zusammen. Die Erde kontrolliert die fünf Wandlungsphasen.

Im menschlichen Körper sind es Magen und Milz/Bauchspeicheldrüse, der Mittlere Erwärmer, die aufgrund ihrer Funktion der Nahrungseinnahme und Verdauung unsere Mitte und die innere Harmonie aufrechterhalten.

Unsere Mitte ist der Boden unter unseren Füssen. Es ist unsere Verbindung zur Welt und zum ganzen Universum – die Mutter Erde, von der wir Nahrung, Beistand und Leben erhalten. Was wir essen, ist auf der Erde gewachsen.

Eine ausgewogene Mahlzeit, die unsere Mitte stärkt, besteht zu rund 80% aus natürlichem (das heisst nicht denaturiertem) Getreide, Nüssen, Samen, Gemüse und Früchten. Bevorzugt werden wann immer möglich Lebensmittel aus biologisch-dynamischem Landbau oder sorgfältig angebaute und gehegte, naturbelassene, frische oder richtig gelagerte, unbehandelte Lebensmittel. Dazu kommen kaltgepresste Öle und eventuell Fleisch und andere Produkte von gesunden, artgerecht aufgewachsenen und liebevoll gepflegten Tieren oder Wildfleisch und Wildfisch. Beim Essen spielen auch Formen, Farben, Geschmack und Geruch eine wichtige Rolle. Ein beigefarbenes fades Essen hat keine appetitanregende Wirkung. Ein farbenfrohes Gericht mit diversen Aromen und abgerundetem Geschmack regt all unsere Sinne an. Speichelfluss und Verdauung kommen in Gang, wir geniessen, und die Energie der Lebensmittel geht harmonisch auf uns über.

Auch das Essverhalten spielt eine Rolle. Starke Emotionen können die Verdauungsfunktion beeinträchtigen. Gutes Kauen hilft, die Essenz aus den Lebensmitteln zu extrahieren. Es ist sinnvoll, Essen und Trinken zu trennen, damit die Verdauungssäfte nicht verdünnt werden. Der Verdauungsprozess braucht Wärme zum Aufschliessen der Lebensmittel. Ein unterkühlter Bauch bewahrt die Speisen und bewirkt Gärung. Und: Nicht zu viel essen; manchmal ist es schwierig, dann aufzuhören, wenn es am besten schmeckt, doch der Mittlere Erwärmer wird dadurch entlastet. Nicht zuletzt ist auch die Freude am Planen der Speisen, dem Einkaufen, Kochen und Essen die beste Voraussetzung für einen entspannten Genuss.

Hinweise zu den Rezepten

Die Rezepte sind so konzipiert, dass sie möglichst einfach und ohne grossen Aufwand nachzukochen und dennoch schmackhaft sind.

Die Frühstücksvorschläge sind jeweils für 1 Person, alle übrigen Rezepte für 4 Personen berechnet.

Die Buchstaben in der linken Spalte neben den Zutaten bezeichnen das Element, dem das jeweilige Lebensmittel zugeordnet ist:

H = Holz
F = Feuer
E = Erde
M = Metall
W = Wasser

Die Varianten am Schluss der Rezepte zeigen, wie das jeweilige Gericht für die anderen Typen angepasst werden kann.

Zu zahlreichen Zutaten finden Sie Erklärungen und Hinweise in der Warenkunde auf Seite 133 ff.

Hitze

Yang-Fülle, dadurch Blut- und Yin-Mangel, hauptsächlich durch Stau im Körper

Ursache	Zeitdruck, gestaute Empfindungen, sich in ein Schema gepresst fühlen, das nicht dem eigenen Ich entspricht, dadurch Hader, Aufregung, Dramatisierung, Erregung, Ärger, Wut, Frust, Gewaltanwendung, Zorn, Verkrampfung, Depression; all dies fördert Hitze, bzw. der Körper versucht, durch Wärme den Stau aufzulösen. Zu viel Feuer schwächt das Wasserelement, dies begünstigt Angst, Platzangst. Feuer schmilzt Metall, deshalb anfällig für Kränkungen, Traurigkeit, Bedrohungsgefühl und Sturheit. Auch erhitzende Speisen und Getränke, wie Scharfes, Gebratenes, Gegrilltes, Frittiertes, Alkohol, Schnaps, chronische Erkrankungen, hohes Fieber, Sommerhitze.
Hinweise	Hitziges Körpergefühl, Schlafstörungen, Gesichtsfarbe gerötet, trockener Mund, dunkle bis knallrote Lippen, volle, laute Stimme, rote Zunge, evtl. mit gelbem Belag, gerötete Augen, Entzündungsneigung, z.B. der Haut, gelber, dunkler Urin, oft kompakt, andere Ausscheidungen (Auswurf, Nase, Augen) gelb bis gelbgrün, Juckreiz, macht grosse Schritte, Menstruation mit dunklem Blut, Neigung zu Verstopfung und dunklem Stuhl, oft durstig, guter Appetit, Geschwüre mit lokaler Rötung. Kopfschmerzen wandernd, in den Schläfen oder hinter den Augen, schwitzt viel und rasch, Zahnfleischbluten.

	Befinden
Unruhig, dynamisch, empfindlich gegen Hitze, Sodbrennen, bitterer Geschmack im Mund, Bedürfnis nach kalten Getränken, eher reizbar, leidenschaftlich, leicht erregbar, aufbrausend bis jähzornig, starke Emotionen (auch innerlich), gestresst, geschwätzig, selbstsicher, morgens schnell wach und voller Tatendrang.

Lebensmittel, die weggelassen werden sollten

Gegrilltes Fleisch, Schaffleisch, Wurst, Schweinefleisch, geräuchertes Fleisch, geräucherter Fisch, Ziege, Hirsch, allgemein grosse Mengen von Fleisch, scharf gebratene, sehr salzige und fette Speisen, geschwefelte Trockenfrüchte und Nüsse, Kaffee, hochprozentiger Alkohol, Rotwein, alle unter der Temperatur «heiss» aufgeführten Lebensmittel und Gewürze wie Chili, Cayennepfeffer, Tabasco, Knoblauch, Schnittlauch, Glühwein usw. (siehe Bitteres in der Lebensmittelzuteilung Seite 138ff.).

Bevorzugte Lebensmittel

Rohkost, grüne Blattsalate, Spinat, Chinakohl, Sprossen, Soja, Kresse, rohes Obst, frische Kräuter, Hülsenfrüchte wie Linsen, Erbsen, Bohnen, Kefen (Zuckerschoten), Kichererbsen, Meeresfrüchte, Grünalgen, Algen, Bambussprossen, Kaltwasserfische (z.B. Seezunge), Amarant, Weizen, Dinkel, Hirse, Mais, Reis, Mandeln, Datteln, Kartoffeln, Tofu, Sojasauce, Mozzarella, Tomaten, Gurken, Radieschen, Rettich, Sellerie, Spargeln, Auberginen, Rhabarber usw., Sesamöl, Apfelsaft, Birnensaft, Brottrunk, Melone, Ananas, Südfrüchte; in kleineren Mengen Sauermilch, Joghurt, Quark, Hüttenkäse und Dickmilch, Weizenbier, Sauerkrautsaft, Pfefferminztee. Gutes Kauen angewöhnen. Lebensmittel aus dem neutralen, erfrischenden und kalten Bereich.

Kochmethode

Dünsten, kurz kochen, blanchieren, im Saft sanft kochen, im Backofen kurz überbacken, dämpfen, im Wasserbad garen, mild zubereiten.

Übungen

Kreative Tätigkeiten, malen, musizieren, singen, Atem- und Stimmübungen, sich im Freien bewegen, wandern, spazieren, sich selbst eine Freude bereiten, Dehnungsübungen.

Hitze | 29

Frühstücksvorschläge

Für 1 Person

Wirkung

Kühlt Hitze, Magen und Milz behalten die Wärme, leicht verdaulich, Yin aufbauend.

Tipps

Dazu leicht getoastetes Dinkelbrot mit Hagenbuttenmark oder Bitterorangemarmelade oder mit wenig Quark reichen.

Als Getränk eignen sich Pfefferminztee, Grüntee, Eisenkrauttee, Früchtetee oder ein kleines Gläschen Brottrunk.

Weizenbrei

H   3 EL Weizenkörner oder grobes Mehl
F   1 Prise Kakao
E   200 ml Sojamilch
E   1 EL geriebene Mandeln
E   1 süsse Birne, in feine Würfel geschnitten
E   Honig nach Bedarf

Die Weizenkörner oder das Mehl ohne Fettstoff bei mittlerer Hitze unter ständigem Rühren leicht rösten. Die Körner auskühlen lassen und anschliessend in der Getreidemühle mahlen. (Dies kann auf Vorrat zubereitet werden; ausgekühlt gut verschlossen aufbewahren.)

Das Weizenmehl zusammen mit dem Kakao und der Sojamilch in einen Topf geben, unter Rühren zum Kochen bringen und 5 Minuten unter wiederholtem Rühren köcheln lassen. Die geriebenen Mandeln und die Birnenwürfelchen beifügen, kurz ziehen lassen. Vor dem Servieren mit Honig abschmecken.

Dinkelflockenbrei

H   4 EL Dinkelflocken
F   1 Prise Kakao
E   150 ml Birnensaft
E   1 EL Kürbiskerne, fein gehackt
E   1 süsser Apfel, fein geraspelt, oder andere süsse Saisonfrüchte, fein geschnitten
E   falls nötig Ahornsirup (Saft und Früchte sind schon süss)

Die Dinkelflocken mit dem Kakao in einen Topf geben, mit dem Birnensaft übergiessen und aufkochen. Unter gelegentlichem Rühren 10 Minuten köcheln lassen. Die Kürbiskerne beifügen, den vorbereiteten Apfel oder andere Saisonfrüchte darunter mischen und falls nötig mit Ahornsirup abschmecken, etwas ziehen lassen.

Dinkelsuppe

W   100 g getrocknete kleine weisse Bohnen, gewaschen, verlesen
H   100 g Dinkelkörner, im Sieb überbraust
E   2 EL Olivenöl
E   1 Karotte, geschält, gewürfelt
E   1 Stengel Stangensellerie, gewürfelt
M   1 Zwiebel, fein gehackt
W   1 l Gemüsebouillon
W   ¼ TL Salz
H   1 Stengel Stangensellerie und Stangensellerieblätter
F   1 Zweig Rosmarin
F   1 Zweiglein Thymian

H   2 Tomaten, enthäutet, entkernt, grob gewürfelt

Die weissen Bohnen über Nacht in kaltem Wasser eingeweicht quellen lassen. Die Bohnen abgiessen und abtropfen lassen.

Die Dinkelkörner 30 Minuten in warmem Wasser quellen lassen, dann das Wasser abgiessen und die Körner beiseite stellen.

30   Hitze

Dinkelsuppe 31

Das Olivenöl erwärmen, die Karotte und den Stangensellerie darin kurz andünsten, die Zwiebel und die abgetropften weissen Bohnen beigeben, 2 Minuten mitdämpfen, mit der Gemüsebouillon ablöschen und alles bei mässiger Hitze 30 Minuten köcheln lassen.

Salz, Stangensellerieblätter, Rosmarin und Thymian dazugeben, unter gelegentlichem Rühren weitere 20 Minuten kochen. Den Topf vom Feuer nehmen, mit einer Schaumkelle eine Portion Bohnen und Gemüse herausheben und beiseite stellen.

Die Sellerieblätter, den Thymian- und den Rosmarinzweig entfernen, die restliche Suppe pürieren. Das beiseite gestellte Gemüse mit einer Prise Pfeffer würzen, in den Topf geben, die Suppe dazugiessen, den Dinkel beifügen und alles nochmals 30 Minuten leise kochen lassen.

Zuletzt die Tomatenwürfel hinzufügen und die Suppe auf der ausgeschalteten Herdplatte weitere 30 Minuten ausquellen lassen. Dann nochmals aufkochen und warm servieren.

Wirkung

Entspannt, tonisiert das Milz-Qi, nährt das Yin, stärkt die Leber.

Varianten

• Bei Kälte: Den Stangensellerie durch Fenchel ersetzen; 1 Lorbeerblatt gespickt mit 1 Nelke sowie etwas Ingwer beigeben, die Tomaten weglassen.

• Bei Feuchte: Nach der Zwiebel 1 Lorbeerblatt und nach dem Thymian 2 Salbeiblätter beigeben, die Tomaten weglassen.

• Bei Trockenheit: Am Schluss mit einem Faden Olivenöl garnieren.

Kressesuppe

M	100 g Kresse
M	200 ml trockener Weisswein
W	200 ml Gemüsebouillon
H	100 ml Sauerrahm
F	½ TL Kerbel
E	1 Fingerspitze Schachtelhalm (frisch oder getrocknet aus Drogerie/Apotheke)
E	100 ml flüssiger Rahm
M	1 Prise weisser Pfeffer
M	1 Prise Muskatnuss
W	1 Prise Salz
H	1 Spritzer milder Apfelessig

H/F frische glattblättrige Petersilie als Garnitur

Die Kresse über sehr heissem Dampf 3 Minuten dämpfen, abtropfen lassen und pürieren.

Weisswein, Gemüsebouillon und Sauerrahm zusammen erwärmen, Kerbel, Schachtelhalm und den Rahm beifügen, 2 Minuten köcheln lassen, mit Pfeffer und Muskatnuss würzen. Das Kressepüree dazugeben und die Suppe sofort mit Salz und Apfelessig abschmecken, nochmals aufschwingen, in vorgewärmte Teller verteilen und mit Petersilie garnieren.

Wirkung

Leitet Hitze aus, kühlt den Magen, fördert den Gallenfluss, reguliert den Qi-Fluss von Magen und Lunge, bewahrt das Yin.

Varianten

• Bei Feuchte: Den Sauerrahm durch einen Spritzer Apfelessig ersetzen, statt Kerbel Petersilie verwenden, nach der Muskatnuss wenig Ingwer dazugeben, mit Petersilie und Thymian garnieren.

• Bei Kälte: Schwarzen Pfeffer verwenden, den Kerbel durch Oregano ersetzen, mehr Muskatnuss und danach zusätzlich etwas Ingwer dazugeben. Fencheltee dazu trinken.

• Bei Trockenheit: 200 ml Rahm hinzufügen.

Selleriesuppe

E 1 Sellerieknolle, geschält, gewürfelt
E/M 100 ml Apfelsaft oder trockener Weisswein
M 1 Prise Muskatnuss
W 800 ml Gemüsebouillon
H 3 EL Crème fraîche
F 1 Messerspitze Gelbwurz (Kurkuma)
F 1 Prise Eisenkraut (frisch oder getrocknet
    aus Drogerie/Apotheke)
E beiseite gestellte Selleriewürfel
M etwas Kresse
W Sojasauce nach Bedarf

Den vorbereiteten Sellerie mit dem Apfelsaft oder Weisswein in einen Topf geben, die Muskatnuss dazustreuen, umrühren und mit der Gemüsebouillon auffüllen. Aufkochen und den Sellerie weich kochen.

Mit dem Schaumlöffel einige wenige Selleriewürfel herausheben und beiseite stellen. Die restliche Suppe pürieren, dann die Crème fraîche, Gelbwurz und Eisenkraut dazugeben, kurz köcheln lassen.

Die beiseite gestellten Selleriewürfel und Kresse hinzufügen und nach Geschmack mit Sojasauce abschmecken.

Wirkung

Beruhigt die Leber, kühlt Hitze, beruhigt das Yang.

Varianten

• Bei Kälte: Apfelsaft oder Weisswein weglassen. Den Sellerie in Butter braten, 1 fein gehackte Zwiebel mitbraten, 4 zerstossene Senfkörner und 1 Lorbeerblatt dazugeben, dann mit Gemüsebouillon ablöschen; das Eisenkraut durch Rosmarinpulver, Kresse durch Schnittlauch ersetzen.

• Bei Feuchte: Apfelsaft oder Weisswein sowie Crème fraîche weglassen. Den Sellerie in den Topf geben, 2 Prisen Muskatnuss darüber streuen und 1 Lorbeerblatt beifügen, mit Gemüsebouillon ablöschen. Anstelle der Crème fraîche einen Spritzer Balsamicoessig hinzufügen, das Eisenkraut durch Thymian ersetzen, die Kresse durch Schnittlauch.

• Bei Trockenheit: Vor der Kresse eventuell etwas Olivenöl dazuträufeln.

Spinatsuppe

E 200 g Spinatblätter, gewaschen (möglichst frische, notfalls tiefgefrorene)
E 2 EL Olivenöl
E 2 Kartoffeln, geschält, gewürfelt
M/E 1 kleine Zwiebel, fein gehackt
E 1 Fingerspitze Safranfäden
M 1 Prise Muskatnuss
M 200 ml trockener Weisswein
W ½ l Gemüsebouillon

E 2 TL Pfeilwurzmehl (Reformhaus)
M 1 Prise weisser Pfeffer
W 100 ml Wasser
H 180 g Joghurt nature

F 1 TL getrockneter oder ½ Bund frischer Kerbel, ganze Blätter

Den Spinat blanchieren, das heisst in einem Sieb 1 Minute in wallend kochendes Wasser eintauchen (damit scheidet sich die flüchtige Oxalsäure besonders schnell von den Blättern ab), nach Belieben pürieren, beiseite stellen.

Das Olivenöl erwärmen, Kartoffeln und Zwiebel darin andünsten, bis die Zwiebel einen süsslichen Geschmack annimmt. Die Safranfäden und Muskatnuss darüber streuen, mit Weisswein und der Gemüsebouillon ablöschen. Zugedeckt etwa 20 Minuten köcheln lassen, bis die Kartoffeln weich sind, dann die Suppe pürieren.

Das Pfeilwurzmehl, Pfeffer, Wasser und Joghurt zusammen verrühren. Nach und nach unter die pürierte Suppe ziehen, unter Rühren etwa 5 Minuten sanft köcheln lassen, bis alles gut bindet. Den Kerbel einstreuen. Zuletzt den blanchierten Spinat beifügen, nochmals etwas ziehen lassen und die Suppe in vorgewärmten Tellern anrichten.

Wirkung

Kühlt Hitze, nährt das Blut (speziell Leberblut), tonisiert Yin.

Varianten

• Bei Kälte: 2 Prisen Muskatnuss, zusätzlich 1 Lorbeerblatt hinzufügen und 1 Knoblauchzehe dazupressen. Das Pfeilwurzmehl mit dem Pfeffer in 200 ml Wasser auflösen, den Joghurt durch frische Petersilie ersetzen. Den Kerbel weglassen.

• Bei Feuchte: Nach den Safranfäden wenig Brennnesselblätter und etwas Basilikum dazugeben. Das Pfeilwurzmehl mit dem Pfeffer in 200 ml Wasser auflösen, den Joghurt durch frische Petersilie ersetzen und 1 Prise Thymian beigeben, Kerbel weglassen.

• Bei Trockenheit: Zubereitung wie beschrieben, zusätzlich am Schluss mit Rahm abschmecken.

Avocadosalat

E 2 reife Avocados, geschält, in dünne Schnitze oder Stücke geschnitten
E 1 gelbe Peperoni (Paprika), in Streifen geschnitten
M 1 Frühlingszwiebel, mit dem Grün in feine Ringe geschnitten
W etwas Salz
H 1 Zitrone, Saft
H einige Cherry- oder Peretti-Tomaten, in Schnitze geschnitten, entkernt

Sauce:
H/F 3 EL Himbeer- oder Rotweinessig
F ½ unbehandelte Zitrone, abgeriebene Schale
E 6 EL Olivenöl
M 2 Radieschen, fein gewürfelt
M einige Pfefferminzblätter, fein geschnitten
M wenig weisser Pfeffer
M wenig Cayennepfeffer
W Salz nach Bedarf
H 1 Bund Petersilie, fein gehackt

H/F grüne Keimlinge wie Kresse und/oder Salatblätter zum Garnieren

Avocados, Peperoni (Paprika) und Frühlingszwiebel mit Salz und Zitronensaft mischen, die Tomatenschnitze dazugeben.

Avocadosalat | 35

Für die Sauce die Zutaten in der angegebenen Reihenfolge mischen, gut umrühren, über das Gemüse giessen und den Salat mit Keimlingen, Salatblättern und nach Belieben Radieschen dekorativ garniert anrichten.

Wirkung

Wirkt aufbauend, nährt das Blut, nährt und bewahrt das Yin.

Varianten

• Bei Kälte: Im Sommer geeignet; dazu Fencheltee trinken. Die Peperoni (Paprika) durch Karotte, Radieschen durch Schnittlauch ersetzen; die Pfefferminze durch wenig Ingwersaft (durch die Knoblauchpresse gedrückt) ersetzen. Die Keimlinge weglassen.

• Bei Feuchte: Fencheltee dazu trinken. Nur wenig Zitronensaft verwenden, die Pfefferminze durch Ingwersaft (durch die Knoblauchpresse gedrückt) ersetzen. Die Keimlinge weglassen.

• Bei Trockenheit: Für die Sauce nach dem Olivenöl ½ TL Vollrohrzucker hinzufügen.

Chinakohlsalat

E	400 g Chinakohl, in feine Streifen geschnitten
M	1 Bund Radieschen, in Rädchen geschnitten
W	1 Spritzer kaltes Wasser
H	2 Orangen, geschält, weisse Innenhaut entfernt, in Schnitze zerlegt, diese halbiert

Sauce:

H	180 g Joghurt nature
H	2 EL Apfelessig
F	1 Prise Rosmarin
E	2 EL Olivenöl
E	1 EL weisser Sesam, gemahlen
M	½ TL Kümmel, gemahlen
M	1 Prise weisser Pfeffer
W	1 EL Sojasauce
W	Salz nach Geschmack
H/F	½ Bund Petersilie, fein geschnitten

Den geschnittenen Chinakohl und die Radieschen mit dem Spritzer Wasser und den halbierten Orangenschnitzen mischen.

Für die Sauce die Zutaten in der angegebenen Reihenfolge gut verrühren, mit dem Salat vermengen und kurz ziehen lassen, schön anrichten und servieren.

Wirkung

Beruhigt den Geist, tonisiert das Lungen-Qi, unterstützt die Verdauung.

Varianten

• Bei Kälte: Nach dem Chinakohl 1 Karotte, 1 Fenchel, 1 EL geröstete Baumnüsse und 1 Frühlingszwiebel, passend geschnitten, hinzufügen, die Orangen weglassen. Für die Sauce den Apfelessig durch Balsamicoessig ersetzen, dabei mit dem Balsamicoessig beginnen und die folgenden Zutaten in der angegebenen Reihenfolge darunter rühren, nach dem Kümmel ½ TL Curry beifügen und nach der Petersilie statt Kuhmilchjoghurt Schafmilchjoghurt beigeben.

• Bei Feuchte: Nach dem Chinakohl 1 Karotte, 1 Fenchel und 1 Frühlingszwiebel, passend geschnitten, hinzufügen, die Orangen weglassen; für die Sauce den Joghurt weglassen, mit dem Apfelessig beginnen, nach dem Olivenöl zusätzlich 100 ml Fencheltee beigeben.

• Bei Trockenheit: Halb Joghurt, halb Sauerrahm verwenden.

Grüner Salat mit Shiitakepilzen

F   Endivien, Feldsalat, Kopfsalat und roter Chicorée, mundgerecht geschnitten

    Sauce:
M   ¼ Zwiebel, fein gehackt
M   1 TL Senf
M   1 Prise weisser Pfeffer
W   1 EL Sojasauce
W   Salz nach Bedarf
H   3 EL Apfelessig
H   2 EL Tomatensaft
H/F 1 EL Petersilie, fein geschnitten
F   1 Prise Rosmarinpulver
E   ½ TL Akazienhonig
E   6 EL Olivenöl

E   wenig Butter
E   100 g Shiitakepilze, geputzt, in Streifen geschnitten
M   1 Prise weisser Pfeffer
W   3 EL Sojasauce

Den vorbereiteten Salat in eine Schüssel geben und mischen.

Für die Salatsauce die Zutaten in der angegebenen Reihenfolge mischen, über den Salat giessen und alles gut vermengen. Den Salat anrichten.

In einer beschichteten Bratpfanne wenig Butter erwärmen und die Shiitakepilze darin dünsten. Mit Pfeffer würzen.

Die Pilze aus der Pfanne nehmen, mit der Sojasauce beträufeln und sofort über den angerichteten Salat verteilen.

Wirkung

Tonisiert Blut und Leber, senkt das Yang, beruhigt den Geist, regt den Stoffwechsel an.

Varianten

• Bei Kälte: Grüne Salate nur im Sommer geniessen. Das Olivenöl durch Walnussöl und den Apfelessig durch Balsamicoessig ersetzen, nach der Zwiebel eine Knoblauchzehe und Ingwer dazupressen. Jasmintee oder Ingwertee dazu trinken.

• Bei Feuchte: Blattsalate mit wärmenden Zutaten kombinieren, z.B. 1 Fenchel unter den Salat mischen; die Sauce aus Walnussöl, Zwiebel, Knoblauch, Basilikum, Muskatnuss, Pfeffer, Salz, Balsamicoessig und Petersilie anrühren. Dazu Fencheltee trinken.

• Bei Trockenheit: Zusätzlich zum Olivenöl einen Spritzer Sesamöl beigeben.

Selleriesalat mit Birne oder Apfel und Ananas

E   1 Sellerieknolle, geschält, geraspelt
E   1 Birne oder süsser Apfel, entkernt, geraspelt
M   1 Prise Pfeffer
W   1 Prise Salz
H   ½ Zitrone, Saft

Sauce:
H   150 g Magerquark
F   1 Prise Thymian
E   ¼ TL Akazienhonig
E   2 EL Sonnenblumenöl
M   1 Prise Maggikraut
W   Salz nach Bedarf
H   ½ Becher (90 ml) Sauerrahm
H   2 Blätter Zitronenmelisse, frisch oder getrocknet, fein geschnitten
H/F 2 EL weisser Balsamicoessig

E   Ananasscheiben zum Garnieren

Den vorbereiteten Sellerie mit Birne oder Apfel mischen, eine kleine Prise Pfeffer, Salz und Zitronensaft dazugeben. Alles gut mischen, damit sich die Salatzutaten nicht verfärben (Oxidation).

Für die Sauce die Zutaten in der angegebenen Reihenfolge verrühren, unter den Salat ziehen. Mit Ananas garniert servieren.

Wirkung

Senkt das Leber-Yang, harmonisiert, baut Säfte auf, tonisiert Qi und Blut, kühlt Hitze.

Varianten

• Bei Kälte: Den Sellerie in Würfel schneiden und dämpfen, mit möglichst süssem Apfel mischen; den Magerquark durch Schafmilchjoghurt ersetzen, nach dem Sonnenblumenöl 1 TL Curry beifügen, die Zitronenmelisse weglassen. Mit gerösteten Mandeln und Ananas garnieren.

• Bei Feuchte: Den Sellerie in Würfel schneiden und knackig dämpfen, mit möglichst süssem Apfel

mischen. Eine Sauce aus Sonnenblumenöl, Kümmel, Muskatnuss, Pfeffer, Salz und Balsamicoessig anrühren. Mit wenig gerösteten Baumnusskernen garnieren.

• Bei Trockenheit: Zum Schluss einen Spritzer Sesamöl in die Sauce rühren.

Zucchini-Gemüse-Platte

E   1–2 gelbe oder grüne Zucchini (ersatzweise Gurken oder beides zusammen), evtl. geschält, in dünne Scheiben geschnitten
E   150 g Champignons, geputzt, in sehr dünne Scheiben geschnitten
M   6 Radieschen, in sehr dünne Scheiben geschnitten
M   einige kleine frische Pfefferminzblätter
W   schwarzer Sesam, fein gemahlen
H   grüne Sprossen (z.B. Weizensprossen)

Sauce:
E   4 EL kaltgepresstes Olivenöl
M   etwas Dill
M   etwas Basilikum
M   wenig weisser Pfeffer
W   Salz nach Geschmack
H   ½ Orange, Saft

F   ½ Bund Kerbel oder Rucola als Garnitur, Blätter gezupft

Zucchini, Champignons, Radieschen, Pfefferminzblätter, Sesam und Sprossen auf einer Platte schön anrichten.

Für die Sauce die Zutaten in der angegebenen Reihenfolge mischen, über den angerichteten Salat träufeln, 15 Minuten ziehen lassen. Vor dem Servieren mit Kerbel- oder Rucolablättern hübsch ausgarnieren.

Wirkung

Kühlt Magen und Leberhitze, tonisiert die Säfte, entspannt.

Varianten

• **Bei Kälte:** Die Radieschen weglassen, dafür fein gehobelten Fenchel nehmen. Eine Sauce aus Sonnenblumenöl, Dill, Ingwer, Pfeffer, Knoblauch, Salz und Balsamicoessig anrühren, mit Petersilie garnieren, den Kerbel weglassen. Fencheltee dazu trinken.

• **Bei Feuchte:** Eine Sauce aus Olivenöl, Dill, Pfeffer, Salz, Balsamicoessig und Thymian anrühren, mit Petersilie garnieren. Rosmarintee oder Fencheltee dazu trinken.

• **Bei Trockenheit:** Nach den Sprossen passen zusätzlich kleine Tomaten; zum Garnieren neben Kerbelblättern noch einige Pinienkerne darüber streuen.

Überbackene Artischocken

W	2½ l Wasser
H	3 EL Weinessig
F	6 Artischocken (am besten zarte mittelgrosse)
E	Butter für die Form
	Guss:
E	3 Eier
M	1¼ TL getrockneter Basilikum
W	Salz nach Geschmack
H	50 ml trockener Weisswein
H	1 Zitrone, Saft
H	50 g Dinkelmehl
H	1 Tomate, enthäutet, entkernt, gewürfelt
F	1 Prise Majoran
F	1 Bund Petersilie, fein geschnitten
E	300 g Mozzarella, in Streifen geschnitten

Das Wasser in einen genügend grossen Topf giessen, den Weinessig dazugeben. Von den Artischocken die äusseren 3–4 Lagen der Blätter und das obere Drittel entfernen, dann die Artischocken längs in ½ cm dicke Scheiben schneiden, sofort ins Essigwasser geben und darin weich kochen (15–20 Minuten).

Eine Auflaufform ausbuttern, die gekochten Artischocken darin verteilen.

Für den Guss sämtliche Zutaten der Reihe nach mischen und gut verquirlen, über die Artischocken giessen. Am Schluss den Mozzarella darauf verteilen.

Bei 180 Grad im Backofen 40 Minuten gratinieren.

Wirkung

Bewegt das Leber-Qi, stärkt das Milz-Qi, entspannt die Leber, bewahrt die Säfte.

Varianten

• **Bei Kälte:** Nach dem Basilikum den Guss mit einer guten Prise Pfeffer und Muskatnuss würzen, Mozzarella durch Schafkäse ersetzen, nach dem Gratinieren mit geröstetem Sesam bestreuen.

• **Bei Feuchte:** Für den Guss nur 2 Eier nehmen, Zitronensaft und Tomaten weglassen, den Majoran durch je ¼ Teelöffel Thymian und Rosmarin ersetzen.

• **Bei Trockenheit:** Nach dem Gratinieren mit Olivenöl beträufeln.

Bunte Kichererbsen

W 300 g Kichererbsen, überbraust, verlesen
E etwas Olivenöl
E 1 Stange Sellerie, in Stücke geschnitten
E 2 rote Peperoni (Paprika), in Streifen geschnitten
E ½ Chinakohl, in Stücke geschnitten
M 1 TL milder Curry
M ½ TL Kreuzkümmel
W 100 ml Gemüsebouillon
H 1 EL Zitronensaft
F 2 Salbeiblätter, fein geschnitten
F 1 TL Kerbel
E 1 TL Akazienhonig
M 2 EL Kresse
W 2 EL Sojasauce
H 180 g Joghurt nature

Die Kichererbsen mit kaltem Wasser bedeckt über Nacht quellen lassen.

Das Wasser der eingelegten Kichererbsen abgiessen, die Kichererbsen mit frischem Wasser bedeckt 30 Minuten bei mässiger Temperatur köcheln lassen, dann wenig salzen und fertig weich kochen.

Etwas Olivenöl erwärmen, das vorbereitete Gemüse darin andünsten, den Curry darüber streuen, den Kreuzkümmel dazugeben, alles etwa 3 Minuten köcheln lassen, bis sich ein feiner Duft entfaltet, dann mit der Gemüsebouillon ablöschen und weich garen.

Die gekochten Kichererbsen beifügen, gut durchwärmen. Den Zitronensaft, Salbei und Kerbel beifügen, kurz ziehen lassen, dann den Honig darunter ziehen, die Kresse und die Sojasauce dazumischen. Am Schluss den Joghurt darunter ziehen und sofort servieren (das Gericht danach nicht mehr kochen lassen).

Wirkung

Stärkt das Milz- und Nieren-Qi, bewegt das Blut, tonisiert das Yin, harmonisiert.

Tipp

Dazu passt Reis und grüner Salat.

Varianten

• Bei Kälte: Scharfen Curry verwenden, danach 2 Prisen gemahlenen schwarzen Pfeffer und gemahlene Senfkörner, 1 Zwiebel und 1 Knoblauchzehe, fein gehackt, dazugeben; nach dem Salbei gleich den Teelöffel Akazienhonig beigeben und die übrigen Zutaten weglassen. Dazu passen Kartoffeln.

• Bei Feuchte: Nach dem Kreuzkümmel 1 Knoblauchzehe dazupressen, den Zitronensaft durch Most (Apfelsaft) ersetzen, anstelle von Kerbel Thymian und Rosmarin beifügen und die übrigen Zutaten weglassen. Dazu passt Reis.

• Bei Trockenheit: Nach Bedarf mehr Joghurt nehmen.

Einfacher Grünkernauflauf

H 200 g Grünkern, gewaschen, 1 Stunde in Wasser eingeweicht

H 200 g Quark
F etwas Oregano
E etwas Estragon
E 250 g Broccoli, in kleine Röschen zerteilt, über Dampf bissfest gegart
E 1 rote Peperoni (Paprika), entkernt, gewürfelt, über Dampf bissfest gegart
M ½ TL Kümmel, frisch gemahlen
W Salz nach Bedarf
E 150 g Mozzarella, klein gewürfelt
M wenig Gelbwurz (Kurkuma)
W 3 EL Sojasauce

Den Grünkern abgiessen und in leichtem Salzwasser (½ l Wasser und 1 gestrichener TL Salz) etwa 1 Stunde weich kochen, dann 10 Minuten nachquellen lassen.

Eine Auflaufform ausbuttern.

Bunte Kichererbsen

Den vorbereiteten Grünkern mit Quark, Oregano, Estragon, Broccoli, Peperoni (Paprika), Kümmel und Salz mischen und alles in die vorbereitete Form füllen.

Den Mozzarella mit dem Gelbwurz und der Sojasauce mischen, über dem Grünkern verteilen.

Bei 180 Grad im Backofen 30 Minuten backen. Zusammen mit knackigem grünem Salat servieren.

Wirkung

Entstaut die Leber, bewegt das Leber-Qi, tonisiert das Qi von Milz/Bauchspeicheldrüse und Magen, leicht befeuchtend.

Varianten

• Bei Feuchte: Den Quark weglassen, dafür mehr Gemüse nehmen (z.B. Karotten, Lauch), am Schluss nur mit Parmesan bestreuen.

• Bei Kälte: Als Gemüse eignen sich Karotten, Fenchel und Lauch, nach dem Kümmel zusätzlich Ingwer beifügen, am Schluss nur mit Parmesan bestreuen.

• Bei Trockenheit: Den Auflauf nach dem Backen mit wenig Olivenöl beträufeln und ebenfalls grünen Salat dazu reichen.

Gemüseauflauf

E	2 Zucchini, in dünne Scheiben gehobelt
E	2 Auberginen, evtl. geschält, in dünne Scheiben geschnitten, mit Salz bestreut 5 Minuten ziehen lassen, trockengetupft
E	4 Kartoffeln, geschält, in dünne Scheiben gehobelt
M	1 Rettich, geschält, in dünne Scheiben gehobelt
M	½ TL Kümmel, fein gemahlen
W	Salz nach Bedarf
H/F	1 Bund Petersilie, fein geschnitten
F	1 Zweig Thymian, Blättchen abgezupft
E	2 EL Olivenöl
E	150 g Mozzarella, gewürfelt
M	frischer Basilikum, grob geschnitten
M	wenig Pfeffer
W	Salz nach Bedarf
H	3 Tomaten, gehäutet, entkernt, gewürfelt
F	1 Zweig Rosmarin, Nadeln abgezupft

Eine Auflaufform mit Olivenöl ausstreichen, das vorbereitete Gemüse dachziegelartig einschichten, mit Kümmel, Salz, Petersilie und Thymian bestreuen.

Das Olivenöl mit den Mozzarellawürfelchen, Basilikum, Pfeffer, Salz, Tomatenwürfeln und Rosmarinnadeln mischen, über den Gratin streuen.

Bei 200 Grad im Backofen 30–40 Minuten backen (die Kartoffeln müssen weich sein).

Wirkung

Entstaut die Leber, befeuchtet Magen, Dünn- und Dickdarm, tonisiert das Qi des Mittleren Erwärmers, entkrampft die Verdauung. Dazu passt gut grüner Salat und Pfefferminztee.

Varianten

• Bei Feuchte: Beim Gemüse mehr Thymian hinzufügen und bei der Garnitur vor dem Mozzarella 2 fein gewürfelte Karotten dazugeben, die Tomaten weglassen, durch 1 Spritzer Balsamicoessig ersetzen, nach dem Rosmarin zusätzlich noch 3 fein geschnittene Salbeiblätter dazugeben.

Einfacher Grünkernauflauf

• Bei Kälte: Bei der Garnitur nach dem Mozzarella 1 Knoblauchzehe dazupressen und zusätzlich etwas Cayennepfeffer beifügen. Dazu passt ein Karottensalat mit gerösteten Nüssen.

• Bei Trockenheit: Vor dem Servieren mit etwas Olivenöl beträufeln. Mit grünem Salat und Pfefferminztee servieren.

Tofu-Gemüse-Pfanne

E 400 g Tofu, in Scheiben, dann in beliebige Form geschnitten
M 1 cm frischer Ingwer, durch die Knoblauchpresse gedrückt, Saft aufgefangen
W 8 EL Sojasauce
H 1 Spritzer Apfelessig
H/F Petersilie, sehr fein geschnitten
F 2–3 Salbeiblätter, sehr fein geschnitten

E 600 g Gemüse (Chinakohl, rote Peperoni/Paprika, Broccoli, Mangold, junge Kefen/Zuckerschoten), zum Tofu passend geschnitten
E wenig Maiskeimöl zum Anbraten
M 1 Prise weisser Pfeffer
M etwas Majoran
W Salz, wenn nötig
M Kresse für die Garnitur

Den Tofu mit dem ausgepressten Ingwersaft, der Sojasauce, dem Apfelessig, Petersilie und Salbei mindestens 1 Stunde oder länger marinieren. Dann aus der Marinade heben und diese beiseite stellen. Das Gemüse über Dampf bissfest garen.

In einer Pfanne wenig Öl erwärmen, den Tofu bei mässiger Hitze hell goldbraun braten, das Gemüse kurz mitdämpfen, mit der beiseite gestellten Marinade ablöschen und nach Geschmack mit Pfeffer, Majoran und Salz oder mit Sojasauce abschmecken, ein paar Minuten in der Sauce ziehen lassen.

Anrichten, mit Kresse ausgarnieren und lauwarm servieren. Kartoffeln passen gut dazu.

Wirkung

Kühlt Hitze, beruhigt das Yang, tonisiert das Yin.

Varianten

• Bei Feuchte: Nach dem Ingwer 1 Knoblauchzehe zur Marinade pressen; als Gemüse eignen sich z.B. Karotten, Fenchel, Champignons, Erbsen, diese mit dem Tofu scharf anbraten und weich garen; statt Pfeffer Cayennepfeffer nehmen, am Schluss mit gerösteten Baumnüssen garnieren.

• Bei Kälte: Nach dem Ingwer 1 Knoblauchzehe zur Marinade pressen und wenig Muskatnuss beifügen, weniger Sojasauce, dafür zusätzlich etwas Balsamicoessig nehmen; als Gemüse eignen sich Karotten, Fenchel, junge Bohnen, Kürbis, diese mit dem Tofu scharf anbraten und weich garen; statt Pfeffer Cayennepfeffer nehmen, am Schluss mit gerösteten Baumnüssen garnieren.

• Bei Trockenheit: Mit Pinienkernen und Kresse garnieren.

Tofu-Gemüse-Pfanne 45

Birnen surprise

E   Wenig Butter für die Förmchen
H   30–60 g Dinkelpaniermehl
F   1 Prise Kakao
E   300 g Birnen
E   50 g geriebene Mandeln

    Guss:
E   2 Eier
E   2 EL Vollrohrzucker
E   300 ml Rahm
E   2 EL Pfeilwurzmehl
M   1 unbehandelte Zitrone, abgeriebene Schale
W   1 Prise Salz
H   1/2 Zitrone, Saft

Vier Gratinförmchen mit Butter ausstreichen.

Das Dinkelpaniermehl mit dem Kakao vermischen, den Boden der Förmchen damit ausstreuen.

Die Birnen entkernen, in sehr feine Würfel schneiden, mit den Mandeln vermengen und in die Förmchen verteilen.

Die Eier mit dem Vollrohrzucker verquirlen, 200 ml Rahm dazugeben (den Rest für die Garnitur aufbewahren) und verrühren, unter Schwingen das Pfeilwurzmehl, Zitronenschale, Salz und Zitronensaft hinzufügen, alles gut verrühren. Den Guss über die Birnen verteilen.

Bei 180 Grad auf der untersten Rille im Backofen rund 20 Minuten backen. Auskühlen lassen, auf Teller stürzen oder in den Förmchen, mit etwas Vanillerahm garniert, servieren.

Wirkung

Mindert Hitze, baut Säfte auf.

Varianten

• Bei Feuchte: Anstelle der geriebenen Mandeln 25 g geriebene Walnüsse verwenden, mit gehobelter Zartbitterschokolade und Zimt dekorieren.

• Bei Kälte: Anstelle von Mandeln Walnüsse verwenden, nach dem Pfeilwurzmehl 2 Prisen Zimt beigeben, zum Rahm für die Garnitur ebenfalls etwas Zimt einstreuen.

• Bei Trockenheit: Zubereitung wie beschrieben.

Joghurtcreme

H   1 kg Joghurt nature
F   1 Prise Kakao
E   4 EL Vanillezucker
M   1/2 TL Kardamom

M   1 TL getrocknete geriebene Orangenschale
W   1 Prise Salz
H   2 Orangen oder Mandarinen, Saft
F   30 g Zartbitterschokolade, grob geraspelt
E   3 EL Honig
E   180 g Rahm, steif geschlagen
E   3 EL Pistazien (ungesalzen), fein gehackt

Den Joghurt in eine Schüssel geben und mit einer Gabel luftig aufschlagen, Kakao, Vanillezucker und Kardamom darunter rühren.

Ein Sieb mit einem Küchentuch oder einem Gazetuch auskleiden, über eine Schüssel hängen, die Joghurtmasse hineinschütten und etwa 8 Stunden abtropfen lassen; es entsteht eine feste Konsistenz.

Unter die abgetropfte Joghurtmasse die Orangenschale, das Salz, den Orangen- oder Mandarinensaft, die geraspelte Schokolade und den Honig mischen. Den steif geschlagenen Rahm vorsichtig darunter ziehen. Die Creme in Schalen verteilen und mit den Pistazien garnieren.

Wirkung

Baut die Säfte auf und bewahrt sie, kühlt; mit Kardamom wird der Mittlere Erwärmer erwärmt.

Varianten

• Bei Kälte: Schafmilchjoghurt verwenden, nach dem Kardamom noch 1/2 TL Zimt hinzufügen, anstelle von Orangensaft Ananassaft nehmen, die Pistazien rösten. Dazu Ingwertee trinken.

Birnen surprise | 47

Bei Feuchte: Eher ungeeignet; notfalls die Creme mit Zimt bestreuen und dazu Brennnesseltee trinken.
Bei Trockenheit: Zubereitung wie beschrieben, eventuell mehr süssen.

Mangocreme

E 2 reife Mangos, geschält, vom Stein geschnitten, püriert
M 2 EL heller Rum oder trockener Sherry
M 1 dünne Scheibe Ingwer, durch die Knoblauchpresse gedrückt, Saft aufgefangen
W 1 Prise Salz
H ½ Blondorange, Saft (ersatzweise Zitronensaft)
F 1 Prise Kakao
E 2 EL Agavendicksaft, je nach Süsse der Früchte (siehe Warenkunde, Seite 133)
E 200 ml Rahm, steif geschlagen
E 1 EL Vanillezucker
E 1 Kiwi zur Dekoration

Die Mangos vorbereiten und pürieren.

Den Rum in der angegebenen Reihenfolge mit den Aromen und dem Agavendicksaft gut verrühren, mit den pürierten Mangos vermischen. Den Rahm steif schlagen, den Vanillezucker einstreuen und den Rahm sorgfältig unter die Masse ziehen.

In Schälchen anrichten und mit der Kiwi schön dekorieren.

Wirkung

Tonisiert Qi und Blut, kühlt Hitze, wirkt positiv auf den Magen, beruhigt das Yang, nährt die Säfte.

Varianten

• Bei Feuchte: Anstelle von Mangos enthäutete und pürierte gelbe Pfirsiche verwenden, vor dem Salz eine Prise Zimt zugeben, Agavendicksaft und Rahm weglassen, mit gerösteten Baumnüssen dekorieren.

• Bei Kälte: Anstelle von Mangos enthäutete und pürierte gelbe Pfirsiche verwenden, vor dem Salz eine Prise Zimt und mehr Ingwer zugeben, mit gerösteten Baumnüssen dekorieren. Dazu Jasmintee trinken.

• Bei Trockenheit: Mit (ungesalzenen) Pistazien dekorieren.

Rhabarber mit Streuseln

H 800 g Rhabarber, geschält, in 2 cm lange Stücke geschnitten
F 1 Prise Kakao
E 2 Eiweiss
E 3–4 EL Vollrohrzucker, je nach Bedarf
M 1 Prise Zimt

Streusel:
H 60 g Dinkelpaniermehl (Reformhaus) oder ersatzweise Dinkelmehl (siehe Warenkunde Seite 134)
F 1 Prise Kakao
E 90 g Mandeln, fein gemahlen
E 3 EL Agavendicksaft (Reformhaus)
E 60 g Butter, flüssig
M 1 Prise Zimt

Den klein geschnittenen Rhabarber in eine Schüssel geben und den Kakao darüber streuen.

Die Eiweisse steif schlagen, den Vollrohrzucker beifügen, kurz weiterschlagen. Den Eischnee unter den Rhabarber ziehen, die Masse in eine ausgebutterte Auflaufform füllen und mit Zimt bestreuen.

Für die Streusel das Dinkelpaniermehl mit dem Kakao, den Mandeln und dem Agavendicksaft mischen, nach jeder Zutat gut umrühren, die flüssige Butter und den Zimt beifügen, mit einer Gabel verrühren, bis sich Klümpchen bilden.

Die Rhabarbermischung bei 200 Grad im Backofen 10 Minuten backen, dann die Streusel darüber verteilen und den Auflauf weitere 15 Minuten backen. Lauwarm oder ausgekühlt servieren.

Wirkung

Tonisiert das Blut, stärkt die Leber, nährt das Yin, beruhigt.

Varianten

• Bei Kälte: Rhabarber eher ungeeignet, eventuell durch Zwetschgen ersetzen. Streusel aus 30 g Dinkelpaniermehl, 1 Prise Kakao, 30 g Kastanienmehl, gemahlenen Haselnüssen, Agavendicksaft, Butter, Zimt, wenig Ingwer, 1 Prise Nelkenpulver herstellen.

• Bei Feuchte: Rhabarber eher ungeeignet, da sehr kühlend, eventuell durch Zwetschgen ersetzen. Streusel aus 30 g Dinkelpaniermehl, 1 Prise Kakao, 30 g Kastanienmehl, gemahlenen Haselnüssen, Agavendicksaft, Butter, Zimt, wenig Ingwer, 1 Prise Nelkenpulver herstellen. Dazu Jasminblütentee trinken.

• Bei Trockenheit: Zubereitung wie beschrieben.

Tipp

Zur besseren Verträglichkeit den Rhabarber zuerst kurz blanchieren, das heisst in einem Sieb etwa 30 Sekunden in wallend kochendes Wasser tauchen, dann abtropfen lassen und weiterverarbeiten.

Zwischenmahlzeiten

Eingelegter Tofu

E   200 g Tofu, in Würfel geschnitten
E   Olivenöl
E   ½ TL Akazienhonig
M   1 EL frische Pfefferminzblätter, fein geschnitten
M   1 Zweiglein Pfefferminze, gut gewaschen
W   2 EL Sojasauce
W   Salz nach Bedarf
H   1 EL Zitronensaft

Die Tofuwürfel in ein gut verschliessbares Glas legen, mit Olivenöl fast vollständig bedecken, den Honig und die Pfefferminze beigeben, die Sojasauce dazugiessen, salzen nach Geschmack und zuletzt den Zitronensaft beifügen.

Das Glas gut verschliessen und den Inhalt durchschütteln. 1–2 Tage im Kühlschrank ziehen lassen, gelegentlich durchmischen.

Die Tofuwürfel pur mit Oliven und Knäckebrot geniessen; sie passen auch gut zu Tomaten.

Wirkung

Befeuchtet, kühlt Hitze, entspannt die Leber.

Varianten

• Bei Kälte: Zuerst einige leicht zerstossene Wacholderbeeren, ein Thymian- und ein Rosmarinzweiglein ins Glas legen, mit Olivenöl zur Hälfte auffüllen; den Tofu mit Senf bestreichen, die Pfefferminze weglassen, dafür schwarzen Pfeffer nach Geschmack und nur noch salzen.

• Bei Feuchte: Zuerst einige leicht zerstossene Wacholderbeeren und ein Thymianzweiglein ins Glas legen, Olivenöl und Tofu hinzufügen; Honig und Pfefferminze weglassen, dafür 2 Nelken, ½ Stange Zimt und einige zerstossene Senfkörner beifügen, wenig salzen. Zum Essen das Olivenöl abtropfen lassen.

• Bei Trockenheit: Zubereitung wie beschrieben oder nach Geschmack einige entsteinte Oliven ins Olivenöl geben.

Gomasio

W   80 g schwarzer Sesam (Chinaladen)
W   10 g Meersalz
W   ½ TL Algenpulver (Reformhaus, siehe Warenkunde Seite 133)

Die Sesamkörner und das Meersalz getrennt in einer trockenen Pfanne vorsichtig nicht zu heiss rösten; aufpassen, dass der Sesam nicht anbrennt, immer gut bewegen, bis sich ein feiner nussartiger Duft entfaltet, mit dem gerösteten Salz mischen. Im Mixer mahlen oder im Mörser fein zerstossen. Das Algenpulver dazumischen. Die Mischung gut verschlossen aufbewahren.

Gomasio pur geniessen, dabei gut kauen. Oder z.B. auf Gurken, Rettich, Birnen oder Radieschen streuen.

Tipp

Gomasio aus weissem Sesam ist fertig im Reformhaus erhältlich, nur noch Algenpulver dazumischen; er kann aber auch nach demselben Rezept selbst hergestellt werden.

Wirkung

Weisser Gomasio wirkt mehr über die Mitte, Blut und Säfte nährend, kühlend; schwarzer Gomasio stärkt das Leber- und Nieren-Yin, wirkt kühlend.

Varianten

• Bei Kälte: Gomasio ohne Algen herstellen. Gemüse (vorzugsweise Karotten, Fenchel usw.) mit wenig Muskatnuss und/oder Schnittlauch würzen, dann mit Gomasio bestreuen.

• Bei Feuchte: Gomasio ohne Algen herstellen. Gemüse (vorzugsweise Kohlrabi, Karotten usw.) mit wenig Curry würzen, dann mit Gomasio bestreuen.

• Bei Trockenheit: Gomasio auf Avocado, Tomaten, Zucchini usw. streuen.

Eingelegter Tofu | 51

Trockenheit

Blut-, Flüssigkeits- und Yin-Mangel

Ursache	Substanzmangel, Yin-Mangel, unangepasste, schlechte (denaturierte) oder mangelnde Ernährung, Blutverlust, Drogen, anhaltendes Erbrechen oder Durchfall, zu viel Arbeit oder Sport, viele Geburten. Zu scharfes Essen kann Yin und Qi erschöpfen. Scharf wirkt erhitzend, dadurch wird Trockenheit begünstigt. Scharf zerstreut Qi, es fehlt schliesslich zur optimalen Verdauungsleistung. Zu viel bitterer Geschmack (trocknend), z.B. Kaffee, Grüntee, Kakao, Angebratenes usw. Schlaflosigkeit, existenzielle Angst, Schrecken, Sturheit, Verunsicherung, viel schwitzen (Sauna, Sport), trockene Luft (Klimaanlage, Heizung), gewisse Abführmittel, schlechte Essgewohnheiten wie herunterschlingen, ohne zu kauen.
Hinweise	Neigung zu Verstopfung, wenig Urin, geringe Ausscheidungen, trockene Haut, evtl. auch Haare und Augen, Hautfalten nehmen zu, eher mager, ausgetrocknete Schleimhäute (Trockenheit von Mund, Nase, Lippen), rauhe Stimme, schuppige Haut, Schuppen in den Haaren, Nachtschweiss, Durstgefühl, nachts brennende Fusssohlen (Füsse aus dem Bett halten), rissige Zunge, Hitzewallungen, brüchige, gespaltene Haarspitzen und Fingernägel, Kopfschmerzen hinter Augapfel, Neigung zu Muskelkrämpfen.

Innere Unruhe, Stressanfälligkeit, Neigung zu Sprödigkeit, aktiv, ermüdet aber schnell, eher gereizt, nervös, fühlt sich schnell angegriffen, schreckhaft, dünnhäutig, durstig.

Befinden

Lebensmittel und Gewürze aus dem heissen Bereich (siehe Lebensmittel-zuteilung Seite 138 ff.), zu kalte Lebensmittel und auch direkt aus dem Kühl-schrank, sehr wenig scharfe Gewürze wie Chili, Tabasco, Pfeffer, Knoblauch, besonders auch eingelegter, wenig vom bitteren Geschmack wie Kakao, Kaf-fee, Schwarztee, Grüntee, Glühwein, Yogitee, nicht rauchen, Gegrilltes, Gerö-stetes, scharf Angebratenes, hoch erhitztes Fett, Schaf-, Ziegen-, Hammel-fleisch, Whisky, Wodka, Korn, hochprozentiger Alkohol, zu salzige Speisen, Hartkäse, Rotwein. Bitteren Geschmack meiden.

Lebensmittel, die weggelassen werden sollten

Viel Gemüse aus dem neutralen und erfrischenden Bereich, Nachtschatten-gewächse, Kartoffeln, Blattsalate, alle Arten von Bohnen, grünes Gemüse, Kresse, Broccoli, Spinat, Lattich, Mangold, Sprossen, z.B. Soja, Beerenobst, et-was säuerlicher Geschmack, Apfelmus, gekochtes Birnenmus, Kompotte all-gemein, Kirschen, rote Trauben, Quitten, Pflaumen, Feigen, Datteln, Pfirsiche, Tomaten, Avocados, Auberginen, Zucchini, Karotten, Randen (Rote Beten), Meeresfrüchte, Algen, Fisch, Lachs, Barsch, Kalb-, Pferde-, Kaninchen- Rind-fleisch, Ei, Olivenöl, Sesamöl, Dinkel, Reis, Mais, Hirse, Weizen, Mandeln, Sonnenblumenkerne, Pinienkerne, Pistazien, Sesam, frische Kräuter, Agaven-dicksaft, Honig, Vollrohrzucker, Gersten-, Reismalz, Mozzarella, etwas Milch-produkte, Joghurt, Quark, Käse, Hüttenkäse, Früchtetee, Pfefferminztee, Melissentee, lauwarmes Wasser, etwas Fruchtsäfte, Sauerkraut und Saft, Ho-lunderblütensirup, süss-neutraler Geschmack.

Bevorzugte Lebensmittel

Saftig kochen, z.B. Suppen, Tontopf, dünsten, dämpfen, im Siebeinsatz über Wasser, kurz überbacken, im Saft schmoren, Wasserbad.

Kochmethode

Bewegungen nach Feldenkrais, Gymnastik, Atemübungen, Qi-Gong, sanfte Bewegungen, spazieren im Wald.

Übungen

Frühstücksvorschläge

Für 1 Person

Wirkung

Stärkt und harmonisiert die Milz, nährt das Yin und die Säfte, gut bekömmlich.

Tipps

Dazu kann leicht getoastetes Brot mit Karotten-quark (Quark mit gekochten, pürierten Karotten oder ersatzweise Karottensaft vermengen) oder mit wenig Honig, Hagenbutten-, Quitten- oder Bitter-orangemarmelade gereicht werden.

Als Getränke eignen sich Pfefferminztee, Eisenkrauttee, leichter Schwarztee, Apfelsaft oder Hagenbuttentee.

Dinkelbrei

H	3 EL Dinkelkörner oder grobes Mehl
F	200 ml Apfelsaft
E	1 Prise Kakao
E	1 EL grob gehackte Mandeln
E	1 süsser Apfel (oder Birne)
E	Honig, wenn nötig

Die Dinkelkörner oder das Dinkelmehl bei mittlerer Hitze unter ständigem Rühren kurz rösten. Die Körner auskühlen lassen und anschliessend in der Getreide-mühle mahlen. (Dies kann auf Vorrat zubereitet werden, gut verschlossen aufbewahren.)

Den Apfelsaft in einen Topf giessen, das Dinkel-mehl und den Kakao dazurühren, zum Kochen bringen und 5 Minuten unter mehrmaligem Um-rühren leise köcheln lassen. Die gehackten Mandeln beifügen, den Apfel dazureiben und alles etwas ziehen lassen. Vor dem Servieren wenn nötig mit Honig abschmecken.

Gerstenflockenfrühstück

H	1 Spritzer Zitrone
F	100 ml kochendes Wasser
E	3 EL Gerstenflocken
E	1 EL Sultaninen (Rosinen)
E	1 EL Mandelmus (Reformhaus)
E	1 Prise Vanille (Reformhaus)
E	wenig Rahm
E	Honig nach Bedarf
E	1 EL gehackte Mandeln

Den Zitronensaft und das kochende Wasser in einen Topf geben, die Gerstenflocken einstreuen, die Sultaninen beifügen und unter gelegentlichem Umrühren 10 Minuten köcheln lassen. Das Mandel-mus und die Vanille gut darunter mischen, etwas ziehen lassen. Vor dem Essen mit wenig Rahm und Honig abschmecken, mit den gehackten Mandeln garnieren.

Karotten-Avocado-Suppe

E	Wenig Butter
E	2 gut ausgereifte Avocados, halbiert, geschält, in Würfel geschnitten
M	1 Zwiebel, fein geschnitten
W	1 l kräftige Gemüsebouillon
H	2 EL Zitronensaft
H/F	1 Bund Petersilie, fein geschnitten
E	2 Karotten, geschält, in sehr dünne Rädchen geschnitten oder gewürfelt
M	1 Prise Pfeffer
M	1 Prise Cayennepfeffer
W	Salz nach Bedarf
H	180 g Sauerrahm

In einem Topf Butter zergehen lassen, die Avocado-würfel darin wenden, die Zwiebel dazugeben und mitdünsten, mit der Gemüsebouillon ablöschen. Alles sanft weich kochen und pürieren.

Karotten-Avocado-Suppe | 55

Den Zitronensaft und wenig Petersilie (Rest für die Garnitur) dazugeben, die Suppe wieder erwärmen, die Karotten beifügen und weich kochen. Die Suppe mit wenig Pfeffer, einem Hauch Cayennepfeffer und Salz abschmecken.

Die Suppe darf nicht mehr kochen, den Sauerrahm darunter ziehen, in Teller verteilen und mit Petersilie garnieren.

Wirkung

Baut Blut und Yin auf, tonisiert das Qi von Milz/Bauchspeicheldrüse, harmonisiert und stärkt die Leber.

Varianten

• Bei Feuchte: Zitrone und Sauerrahm weglassen, nach der Zwiebel zusätzlich Curry beigeben und dann mit der Gemüsebouillon ablöschen.

• Bei Kälte: Zitrone weglassen, nach der Zwiebel zusätzlich Curry beigeben und dann mit der Gemüsebouillon ablöschen, den Sauerrahm weglassen, dafür Petersilie und leicht geschlagenen Rahm unter die Suppe mischen.

• Bei Hitze: Nach dem Sauerrahm zusätzlich 100 ml Tomatensaft beifügen.

Rieslingsuppe

E	2 EL Olivenöl
M	1 Zwiebel, fein gehackt
M	70 g Rundkornreis, gespült
W	300 ml Gemüsebouillon
W	Salz nach Bedarf
H	½ l Riesling (Weisswein)
F	wenig Rosmarinpulver
E	½ Teelöffel Safranfäden
M	¼ TL Gelbwurz
H	½ Bund Petersilie als Garnitur

Das Olivenöl erwärmen, die Zwiebel darin andämpfen, den Reis beigeben und mit viel Bewegung mitdünsten, mit der Gemüsebouillon ablöschen. Salz nach Bedarf einstreuen und den Weisswein dazugiessen, rund 16 Minuten kochen lassen.

Mit Rosmarin, Safranfäden und Gelbwurz abschmecken, gut umrühren und fertig kochen.

Die Suppe auf Teller verteilen und mit Petersilie bestreuen.

Wirkung

Regt die Blutzirkulation an, bewegt Leber- und Dickdarm-Qi. Der leicht säuerliche Geschmack bewahrt die Säfte.

Varianten

• Bei Hitze: Zubereitung wie beschrieben.

• Bei Feuchte: Nur wenig Weisswein, dafür mehr Gemüsebouillon beigeben, nach dem Safran zusätzlich etwas Muskatnuss hinzufügen, dann mit Gelbwurz abschmecken.

• Bei Kälte: Nach der Zwiebel noch in Ringe geschnittenen Lauch beigeben und nach dem Safran zusätzlich mit schwarzem Pfeffer würzen.

Spargelsuppe

E   1 kg weisse Spargel
E   Butter
M   1 Zwiebel, fein gehackt
M   2 Prisen Muskatnuss
M   200 ml Weisswein
W   300 ml kräftige Gemüsebouillon
W   ½ l Wasser, kalt
W   Salz, wenn nötig und nach Bedarf
H   1 Spritzer Zitronensaft
H/F ½ Bund Petersilie, fein gehackt
E   2 EL Pfeilwurzmehl

E   200 ml Rahm, luftig geschlagen

Die Spargel schälen, die Schalen für die Suppe aufbewahren, das untere Drittel der Spargel abschneiden, beiseite legen.

Etwas Butter erwärmen, die Spargelschalen und die abgeschnittenen Spargelenden darin dünsten, die Zwiebel beifügen, weiterdünsten, Muskatnuss darüber streuen, mit Weisswein und Gemüsebouillon ablöschen und etwa 15 Minuten weich kochen.

Die Suppe pürieren, durch ein Sieb streichen, das Wasser beifügen, wenn nötig salzen, Zitronensaft und Petersilie dazugeben. Das Pfeilwurzmehl in wenig lauwarmem Wasser auflösen und mit dem Schwingbesen in die Suppe einrühren, aufpassen, dass sich keine Klümpchen bilden, die Suppe leicht binden lassen.

Die restlichen Spargel in 3 cm dicke Stücke schneiden, zur Suppe geben und darin weich kochen (ca. 20 Minuten).

Kurz vor dem Servieren den geschlagenen Rahm unterheben und die Suppe in vorgewärmten Tellern anrichten.

Wirkung

Tonisiert das Nieren-Yin, sediert Hitze, diuretisch, befeuchtet die Lungen, reguliert die Darmtätigkeit bei Trockenheitssymptomen.

Varianten

• Bei Hitze: Vor dem Rahm noch Kerbel beifügen. Bei Feuchte: Nach der Muskatnuss zusätzlich Curry beifügen.

• Bei Kälte: Nach der Muskatnuss zusätzlich wenig Dill und Curry beifügen, nach dem Rahm mit Schnittlauch dekorieren.

Tomatensuppe

E   1 EL Butter
E   1 EL Olivenöl
M   1 Zwiebel, fein geschnitten
W   ½ l Gemüsebouillon
W   Salz nach Geschmack
H   5 Fleischtomaten, geschält (Sparschäler) oder gehäutet, in Würfel geschnitten
H   100 ml Tomatensaft
F   1 TL Oregano
E   2 TL Pfeilwurzmehl
E   100 ml Rahm, luftig geschlagen
M   Pfeffer nach Geschmack
M   einige Basilikumblätter, in Streifen geschnitten
M   einige Pfefferminzblätter, in Streifen geschnitten

Butter und Olivenöl zusammen erwärmen, die Zwiebel darin andämpfen, mit der Gemüsebouillon ablöschen, nach Bedarf salzen. Die Tomatenwürfel beifügen und alles etwa 5 Minuten kochen lassen. Im Mixer pürieren, Tomatensaft, Oregano und Pfeilwurzmehl hinzufügen und kurz mixen. Alles in die Pfanne zurückgiessen, köcheln lassen, bis die Suppe schön bindet.

Vor dem Anrichten den geschlagenen Rahm unterziehen, pfeffern nach Bedarf, mit Basilikum und Pfefferminze garnieren.

Wirkung

Beruhigt die Leber, bewegt das Leber-Qi, stärkt Magen- und Leber-Yin, kühlt Hitze im Magen und Dickdarm, tonisiert Qi und Blut.

Trockenheit

Varianten

• Bei Hitze: Pfefferminze durch gezupfte Kerbelblätter ersetzen.

• Bei Feuchte: Nach der Zwiebel 1 Knoblauchzehe dazupressen und 1 Lorbeerblatt beifügen, vor
dem Pürieren das Lorbeerblatt entfernen. Rahm
und Pfefferminze weglassen.

• Bei Kälte: Nach der Zwiebel 1 Knoblauchzehe
dazupressen, nach dem Tomatensaft 100 ml Rotwein
beifügen, die Suppe länger kochen lassen und mit
Tabasco und Cayennepfeffer abschmecken, Pfefferminzblätter weglassen.

Broccolisalat

E	800 g Broccoli, in kleine Röschen zerteilt
E	4 Karotten, geschält, dekorativ geschnitten
E	200 g Mozzarella, in Würfel geschnitten

Sauce:

M	1 TL Senf
M	1 Prise Pfeffer
W	1 EL Sojasauce
W	Salz nach Bedarf
H	3 EL milder Apfelessig
H/F	½ Bund Petersilie, fein gehackt
E	6 EL Sonnenblumen- oder Distelöl
E	1 Prise Estragon
M	1 Prise Majoran
E	3 EL Baumnüsse, grob gehackt

Broccoli und Karotten über Dampf knackig weich
dünsten, auf einer Platte oder in einer Schüssel zusammen mit den Mozzarellawürfeln anrichten.

Die Zutaten zur Sauce in der angegebenen
Reihenfolge verrühren, über das noch warme Gemüse
verteilen und dieses 20 Minuten zugedeckt ziehen
lassen.

Den Salat vor dem Servieren mit den gehackten
Baumnüssen garnieren.

Wirkung

Stärkt die Leber und die Mitte, nährt das Blut,
baut Yin auf, bewegt das Qi.

Varianten

• Bei Hitze: Anstelle von Nüssen eventuell mit
Radieschenscheibchen garnieren.

• Bei Feuchte: Den Mozzarella durch Feta
(Ziegen-/Schafkäse) ersetzen; für die Sauce Rotweinessig statt Apfelessig, Thymian statt Majoran
nehmen; die Baumnüsse zuerst rösten.

• Bei Kälte: Den Mozzarella durch Feta (Ziegen-/
Schafkäse) ersetzen; der Sauce nach dem Senf zusätzlich 1 gute Prise Curry beigeben, den Apfelessig
durch Balsamicoessig ersetzen; die Baumnüsse
zuerst rösten.

Mozzarella-Tomaten-Salat

E	Kopfsalatblätter
E	200 g Mozzarella, in Scheiben geschnitten
M	Radieschen, in Scheiben geschnitten
W	Sojasauce
H	4 Fleischtomaten, klein gewürfelt
F	30 g Rucola, mundgerecht geschnitten

Sauce:

H	2 EL Apfelessig
E	4 EL Olivenöl
E	1 Messerspitze Honig
M	Basilikumblätter, fein geschnitten
M	1 Prise weisser Pfeffer
W	Salz nach Bedarf
H/F	1 EL Weinessig

Die Kopfsalatblätter auf einer Platte auslegen,
Mozzarella, Radieschen, Sojasauce, Tomaten und
Rucola darauf anrichten.

Die Zutaten zur Sauce in der angegebenen
Reihenfolge verrühren und über den Salat verteilen.

Wirkung

Tonisiert Yin und Blut, kühlt Magenhitze, beruhigt die Leber, entspannt, senkt das Yang.

Varianten

- Bei Hitze: Zubereitung wie beschrieben.
- Bei Feuchte: Nach dem Apfelessig ½ TL Thymian beigeben und nach dem Olivenöl 1 Knoblauchzehe dazupressen, grosszügig Basilikum verwenden.
- Bei Kälte: Die Sauce mit Balsamicoessig statt Apfelessig herstellen, nach dem Olivenöl zusätzlich 2 Knoblauchzehen und etwas Ingwer dazupressen.

Auberginen–Dinkel–Gratin

W	300 ml kaltes Wasser
H	200 g Dinkelkörner, gespült, in warmem Wasser 30 Minuten quellen gelassen
E	2–3 EL Olivenöl
M	1 kleine Zwiebel, fein gehackt
M	1 Lorbeerblatt
W	¼ TL Salz
H	500 g Tomaten, enthäutet, entkernt, in Stücke geschnitten, oder ersatzweise Dosentomaten (Pelati)
E	500 g Auberginen, Blütenansatz entfernt, in Würfel geschnitten
M	Pfeffer nach Geschmack
W	2 Prisen Salz
F	1 EL Oregano
F	1 EL Rosmarin
F	1 Bund Petersilie, fein geschnitten
E	200 g Mozzarella, gewürfelt

Das Wasser in einen Topf giessen, die vorbereiteten Dinkelkörner dazuschütten, 20 Minuten leise köcheln lassen, dann auf der ausgeschalteten Herdplatte zugedeckt nochmals mindestens 30 Minuten quellen lassen.

In der Zwischenzeit in einer beschichteten Bratpfanne das Olivenöl erwärmen, die gehackte Zwiebel darin vorsichtig andünsten, das Lorbeerblatt, das Salz und die Tomaten dazugeben und das Ganze etwa 10 Minuten ziehen lassen, dann das Lorbeerblatt entfernen und alles auf die Seite stellen.

Nochmals etwas Olivenöl in der Pfanne erwärmen, die gewürfelten Auberginen darin (eventuell in mehreren Portionen) sanft anbraten, mit Pfeffer und Salz würzen und dann in eine Schüssel geben.

Die Tomaten- und Auberginenwürfel mit den weichen Dinkelkörnern gut mischen, dann Oregano, Rosmarin und Petersilie darunter mengen.

Alles in eine eingefettete Gratinform füllen. Den Mozzarella gleichmässig darüber verteilen. Den Auflauf auf der obersten Rille im vorgeheizten Backofen bei 180 Grad 15 Minuten überbacken.

Wirkung

Stärkt Milz/Bauchspeicheldrüse, Magen und Leber, befeuchtet den Magen.

Varianten

- Bei Feuchte: Nach der Zwiebel noch 1 Knoblauchzehe beifügen, nach dem Rosmarin zusätzlich 1 TL Thymian dazugeben.
- Bei Hitze: Die Auberginen dünsten, nicht anbraten, Petersilie durch Kerbel ersetzen.
- Bei Kälte: Nach der Zwiebel zusätzlich 1 Knoblauchzehe beifügen, die Aubergine darf kräftig angebraten werden, anstelle von Mozzarella Feta verwenden.

Randen-Karotten-Salat

F 1 Rande (Rote Bete), gekocht, geschält, geraffelt
E 1–2 Karotten, geschält, geraffelt

Sauce:
E 3 EL Olivenöl
M 1 cm Meerrettich, sehr fein gerieben
M 1 Prise weisser Pfeffer
M 1 Prise Koriander
W Salz nach Bedarf
H 2 Mandarinen, Saft
F 1 Blatt getrocknetes Eisenkraut, zerrieben

E 2 EL Mandelsplitter

Die geraffelte Rande und die geraffelten Karotten mischen.

Die Zutaten zur Sauce in der angegebenen Reihenfolge mischen, mit dem Gemüse vermengen, etwas ziehen lassen.

Den Salat mit den Mandelsplittern bestreut servieren.

Wirkung

Nährt das Blut, tonisiert das Milz-Qi, entspannt die Leber.

Varianten

• Bei Hitze: Den Pfeffer durch Krauseminze ersetzen.

• Bei Feuchte: Schwarzen Pfeffer verwenden, das Eisenkraut durch Thymian ersetzen.

• Bei Kälte: Den Mandarinensaft durch Balsamicoessig ersetzen, die Mandelsplitter rösten. Fencheltee dazu trinken.

Spargelsalat

E 800 g grüne Spargel, am unteren Ende geschält, Enden weggeschnitten

M 2 Frühlingszwiebeln, fein gehackt
M 3 EL Reiswein
W 1 EL Sojasauce
W 50 ml Spargelkochflüssigkeit
H 1 EL Zitronensaft
F 1 unbehandelte Zitrone, abgeriebene Schale
F/E 1 Prise Rosenpaprika
E ½ TL Akazienhonig
E 4 EL Sonnenblumenöl

Die vorbereiteten Spargel in Salzwasser oder besser über Dampf bissfest garen (ca. 12–15 Minuten), abtropfen lassen und in 3 cm grosse Stücke schneiden, in eine Schüssel legen.

Die Saucenzutaten in der angegebenen Reihenfolge verrühren, gut mischen und mit den lauwarmen Spargeln vermengen, 1 Stunde ziehen lassen.

Wirkung

Befeuchtet die Lungen, wirkt leicht diuretisch, tonisiert Nieren-Yin und -Yang.

Varianten

• Bei Hitze: Zubereitung wie beschrieben, mit Pfefferminzblättern dekorieren.

• Bei Feuchte: Zitrone durch Balsamicoessig ersetzen, den Akazienhonig weglassen, die Sauce am Schluss mit Muskatnuss abschmecken.

• Bei Kälte: Zitronensaft weglassen, 2 EL Balsamicoessig beigeben, die Sauce am Schluss mit Muskatnuss abschmecken und den Salat mit gerösteten Mandelblättchen dekorieren.

Spargelsalat | 61

Couscous mit Gemüse

W   300 ml Salzwasser
H   300 g Couscous
H/F ½ Bund Petersilie, fein geschnitten
E   4 EL Olivenöl

E   Butter zum Anbraten
E   2 Kartoffeln, geschält, gewürfelt
E   1–2 Zucchini, in Scheiben geschnitten
E   1 Aubergine, Blütenansatz entfernt, gewürfelt
E   1–2 Karotten, geschält, in Scheiben geschnitten
M   1 kleine Zwiebel, fein geschnitten
W   200 ml kaltes Wasser
H   3 Fleischtomaten, enthäutet, entkernt, gewürfelt
H   2 Esslöffel Tomatenmark
F   1 Zweig Rosmarin, Nadeln klein geschnitten
E   ein paar Tropfen Sesamöl
M   1–2 TL Kreuzkümmel, zerquetscht
M   ein paar Basilikumblätter, in Streifen geschnitten
M   3 Pfefferminzblätter, fein geschnitten
W   Salz nach Bedarf

Das Salzwasser in eine Schüssel giessen, den Couscous einstreuen und 15 Minuten quellen lassen. Dann den Couscous mit einer Gabel lockern, über Dampf im Siebeinsatz 15–20 Minuten garen. Die Petersilie und das Olivenöl mit einer Gabel luftig untermischen. Während der Couscous gart, die Butter in einer Pfanne schmelzen, das vorbereitete Gemüse (Kartoffeln, Zucchini, Aubergine, Karotten und Zwiebel) darin wenden, mit dem Wasser ablöschen, die Tomaten und das Tomatenmark beifügen, mit Rosmarin, Sesamöl, Kreuzkümmel, Basilikum, Pfefferminze und Salz würzen und wenn nötig noch etwas Wasser dazugiessen. Alles bissfest garen.

Den Couscous auf vorgewärmten Tellern verteilen und das Gemüse darum herumarrangieren.

Wirkung

Tonisiert Qi, Blut und das Magen-Yin, nährt Herz und Nieren, baut Säfte auf, beruhigt den Geist, leicht verdaulich.

Varianten

• Bei Hitze: Dem Couscous anstelle von Petersilie zuerst 1 Spritzer Zitronensaft, dann Kerbel und Olivenöl untermischen.

• Bei Feuchte: Nur 1 Esslöffel Olivenöl unter den Couscous mischen und mit 1 Prise Cayennepfeffer abschmecken; beim Gemüse nach der Zwiebel zusätzlich 1 Knoblauchzehe dazupressen und Lauch beifügen; nach den Tomaten mit Rosmarin, Thymian, 2 Salbeiblättern, 1 TL Olivenöl, Kreuzkümmel, 1 Lorbeerblatt, Basilikum und wenig Salz würzen, Wasser beifügen, falls nötig.

• Bei Kälte: Beim Gemüse nach der Zwiebel ¼ Stange Lauch und 1 Knoblauchzehe beifügen, nach den Tomaten mit 2 EL Balsamicoessig, Rosmarin, Thymian, Olivenöl, Kreuzkümmel, Cayennepfeffer, 1 Lorbeerblatt, Basilikum und Salz würzen, Wasser beifügen, wenn nötig.

Gefülltes Frischlachsfilet in der Folie

W   4 x 200 g Frischlachsfilet ohne Haut
     (z.B. Orkney Salmon, Schottischer Frischlachs)
H/F 1 Bund Petersilie, fein geschnitten
F   1 Prise Thymian
E   wenige Tropfen Olivenöl
M   Pfeffer nach Bedarf
W   Salz nach Bedarf

Die Lachsfiletstücke in der Mitte quer halbieren.

Die Fleischseite der Lachsfilets grosszügig mit Petersilie und 1 Prise Thymian bestreuen, dann die andere Filethälfte darauf legen, dabei jeweils das dünne auf das dickere Ende legen, so dass gleichmässig dicke Stücke entstehen. Den Fisch mit wenig Olivenöl, Pfeffer und Salz würzen.

Die gefüllten Lachsfiletstücke jeweils auf ein genügend grosses Stück Alufolie legen (gute Qualität wählen, damit der Fisch nicht klebt), die Ränder zusammenfassen und gut verschliessen; es darf kein Dampf entweichen.

62   Trockenheit

Couscous mit Gemüse

Die Fischpäckchen in der Folie auf ein Blech legen und im vorgeheizten Backofen bei 220 Grad etwa 10 Minuten backen, sofort servieren.

Wirkung

Stärkt den Mittleren Erwärmer, tonisiert Qi und Blut.

Tipp

Zusammen mit Blattsalat und Reis servieren.

Varianten

• Bei Feuchte: Anstelle von Petersilie den Fisch mit Dill belegen (Balsamicoessig, Olivenöl, Pfeffer, Dill, Salz). Reis und gedämpftes Saisongemüse dazu servieren.

• Bei Hitze: Petersilie und Kerbel mischen und den Lachs damit belegen, Thymian weglassen, dazu Blattsalat und Reis servieren.

• Bei Kälte: Den Lachs mit Dill oder Schnittlauch belegen (Balsamicoessig, wenig Thymian, Olivenöl, Pfeffer, Dill oder Schnittlauch und Salz). Kartoffeln und gedämpftes Gemüse dazu reichen.

Selleriebällchen

E	1 grosse Sellerieknolle, geschält, in Würfel geschnitten
E	1 EL Olivenöl
M	1 Prise Pfeffer
W	Salz nach Bedarf
H	½ Zitrone, Saft
H	1 EL Sauerrahm oder Joghurt nature
F/E	1 TL Sesammus (Tahin, Reformhaus)

F	Kerbel
F/E	Rosenpaprika
E	1 Karotte oder anderes Saisongemüse als Garnitur

Den Sellerie über Dampf weich kochen, pürieren und leicht auskühlen lassen.

In der Zwischenzeit die weiteren Zutaten bis zum Sesammus in der angegebenen Reihenfolge zusammenfügen, nach jedem Element gut durchrühren, und alles unter das Selleriepüree mischen, auskühlen lassen.

Mit einem Löffel Bällchen formen, schön auf Tellern anrichten und mit Kerbel, Rosenpaprika und Karotte oder anderem Saisongemüse garnieren.

Wirkung

Blut und Säfte nährend und bewahrend, senkt das Leber-Yang.

Tipp

Dazu passt Sesamknäckebrot.

Varianten

• Bei Hitze: Dem Knollensellerie 1 Zweig Stangensellerie beifügen.

• Bei Feuchte: Den Sellerie anbraten und weich kochen; Zitronensaft und Sauerrahm oder Joghurt ersetzen durch 1 Spritzer Zitronensaft und nach dem Sesammus 1 kleinen süssen Apfel dazuraffeln, garnieren mit Petersilie und Ananas.

• Bei Kälte: Den Sellerie anbraten und weich kochen; nach dem Pfeffer zusätzlich 1 Prise Muskatnuss beigeben, nur 1 Spritzer Zitronensaft, mit Petersilie und gerösteten Baumnüssen garnieren.

Selleriebällchen

Mangoldgemüse

E 4 ganze Mangoldblätter (Krautstiele), in 2 cm grosse Stücke geschnitten

E 3 EL Olivenöl
E 4 EL Pinienkerne
M wenig Pfeffer
W Salz nach Bedarf
W 80 g Parmesan, frisch gerieben
H 2 EL Zitronensaft
H/F 1 Bund Petersilie, fein geschnitten

Den Mangold über Dampf weich garen.

In der Zwischenzeit die weiteren Zutaten in der angegebenen Reihenfolge mischen, sofort mit dem weich gekochten Mangold vermengen und warm servieren.

Wirkung

Beruhigt Yang, tonisiert Qi und Blut.

Tipp

Sesamkartoffeln passen gut dazu.

Varianten

• Bei Hitze: Petersilie durch Kerbel ersetzen.
• Bei Feuchte: Parmesan durch 1 Prise Salz ersetzen. In einer Pfanne das Olivenöl leicht erwärmen, die Zutaten in der angegebenen Reihenfolge beifügen, am Schluss den weichen Mangold dazugeben, gut mischen und 5 Minuten durchwärmen, mit Muskatnuss abschmecken.
• Bei Kälte: Die Pinienkerne rösten. In einer Pfanne das Olivenöl leicht erwärmen, die gerösteten Pinienkerne, etwas Muskatnuss, Pfeffer, Salz, Parmesan, Zitronensaft, Petersilie und den weichen Mangold dazugeben, gut mischen, 5 Minuten durchwärmen, mit Liebstöckel abschmecken.

Sesamkartoffeln

E 8 mittelgrosse Kartoffeln

M Basilikumblätter, fein geschnitten
W ½ TL Salz oder nach Geschmack
H 1 Spritzer Zitronensaft
F 1 Zweig Rosmarin, Nadeln fein geschnitten, oder getrockneter Rosmarin
F 1 EL Oregano
E 1 EL Olivenöl
E 1 Prise Safran
E 4 EL Sesamsamen, frisch gemahlen

E 3 EL Olivenöl

Die Kartoffeln in der Schale weich kochen, noch warm schälen und in Schnitze schneiden.

In der Zwischenzeit Kräuter, Würzzutaten und Sesam in der angegebenen Reihenfolge mischen.

In einer beschichteten Bratpfanne das Olivenöl erwärmen, die vorbereitete Kräuter-Sesam-Mischung dazugeben, kurz ziehen lassen, dann die noch dampfend heissen Kartoffelschnitze beifügen, mit der Sesammischung umhüllen, 3–4 Minuten vorsichtig wärmen (nicht braten) und anrichten.

Wirkung

Stärkt Milz und Magen, nährt Blut und Säfte, unterstützt den Kreislauf und die Verdauung. Zusammen mit einem erfrischenden Linsensalat (Seite 117) ist es eine komplette Mahlzeit.

Varianten

• Bei Hitze: Im Feuerelement zusätzlich Kerbel beifügen, 2 Prisen Safran nehmen.
• Bei Feuchte: Ohne Öl; den Sesam leicht rösten, zu den Würzzutaten geben und die Kartoffeln darin wenden.
• Bei Kälte: Zum Basilikum (Metallelement) 1 Knoblauchzehe dazupressen und zusätzlich wenig schwarzen Pfeffer beigeben. Die Kartoffeln können auch roh gebraten werden.

Trockenheit

Sojagemüse

E   Wenig Kochbutter
E   1 süsser Apfel, geschält, gewürfelt
E   250 g Sellerie, gerüstet, gewürfelt
M   wenig Meerrettich
M   ½ TL Kümmel, fein gemahlen
W   3 EL Sojasauce
W   Salz, wenn nötig
H   250 g Sojasprossen
F   250 g Randen (Rote Beten), vorgekocht, geschält, gewürfelt

E   weisser Sesam, gemahlen

Butter in einer Pfanne schmelzen, den Apfel, das Gemüse und die Gewürze in der angegebenen Reihenfolge andünsten (nicht braten) und weich kochen (ca. 15 Minuten).
Vor dem Servieren mit dem Sesam bestreuen.

Wirkung
Nährt das Yin von Magen und Dickdarm, tonisiert Blut und Qi, entspannt die Leber.

Varianten
- Bei Hitze: Zubereitung wie beschrieben.
- Bei Feuchte: Den Sellerie durch Fenchel und Karotten ersetzen, nach dem Kümmel zusätzlich wenig Ingwer beigeben.
- Bei Kälte: Den Sellerie durch Fenchel und Karotten ersetzen, diese anbraten, nach dem Kümmel zusätzlich mit Koriandersamen und Ingwer würzen.

Apfelpüree

E   500 g süsse Äpfel, entkernt, geviertelt
M   2 Blätter Pfefferminze
W   100 ml Wasser
H   2 EL Hagenbuttenmark
F   1 Prise Kakao
E   100 ml Rahm, steif geschlagen

Die Äpfel in eine Pfanne legen, die Pfefferminzblätter dazugeben und das Wasser darüber giessen. Die Äpfel weich garen, pürieren und auskühlen lassen.
Das Hagenbuttenmark darunter ziehen und den Kakao einstreuen.
In Dessertschalen verteilen und mit dem Rahm dekorieren.

Wirkung
Tonisiert Qi und Blut, befeuchtet die Lunge, kühlt, sediert das Yang.

Varianten
- Bei Hitze: Eventuell mehr Pfefferminze beigeben.
- Bei Feuchte: Anstelle von Pfefferminze ¼ TL Kardamom beigeben, nach dem Pürieren nur noch 1 Spritzer Zitronensaft dazumischen, auf Dessertteller verteilen und mit Bitterschokoladesplitter garnieren.
- Bei Kälte: Püree mit Aprikosen zubereiten, anstelle von Pfefferminze Zimt einstreuen, das Hagenbuttenmark weglassen, dafür 1 Spritzer Balsamicoessig beigeben und danach 1 Prise Kakao. Den Rahm mit Vanillezucker aromatisieren.

Amarantcake

	Für eine Cakeform von 24 cm Länge
W	1 Prise Salz
H	150 g Dinkelmehl
H	1½ TL Backpulver
F	1 unbehandelte Zitrone, abgeriebene Schale
E	125 g Amarant-Popcorn (Reformhaus)
E	50 g Rosinen
E	1 TL Vanillezucker
E	60 g Butter
E	150–200 g Dattelmus (Reformhaus), nach Geschmack
E	2 Eier
E	150 ml Kokosnussmilch

In einer Schüssel die trockenen Zutaten in der angegebenen Reihenfolge mischen.

In einer zweiten Schüssel die Butter schaumig schlagen, Dattelmus, Eier und Kokosmilch gut darunter rühren, dann die Mehlmischung sorgfältig unterheben.

Die Cakeform mit Backpapier auslegen und den Teig einfüllen.

Im vorgeheizten Backofen bei 180 Grad 35–40 Minuten backen.

Wirkung

Stärkt Milz und Leber, tonisiert das Yin, die Substanz und das Blut; Amarant wirkt leicht entschleimend.

Varianten

• Bei Hitze: Anstelle von Kokosmilch Kuhmilch verwenden.

• Bei Feuchte: Eher ungeeignet oder dazu Brennnesseltee oder Lindenblütentee trinken.

• Bei Kälte: Zur trockenen und zur feuchten Mischung am Schluss jeweils etwas Zimt geben.

Kokoscreme mit Früchten

E	400 ml Kokosnussmilch
E	2 EL Agavendicksaft (Reformhaus)
M	2 EL Reismehl
W	1 Prise Salz
H	50 ml Limettensaft oder Zitronensaft
H	100 ml Sauerrahm
F	1 Prise Kakao
E	100 ml Rahm, steif geschlagen
E	200 g süsse Beeren (z.B. Erdbeeren, Himbeeren) oder anderes Obst je nach Saison

Die Kokosnussmilch in einen Topf geben, mit dem Schwingbesen rühren, Agavendicksaft, Reismehl, Salz und Limettensaft gut darunter mischen, unter ständigem Rühren aufkochen, etwas binden lassen, dann in eine Schüssel giessen und auskühlen lassen.

Unter die ausgekühlte Creme den Sauerrahm und die Prise Kakao ziehen, zugedeckt kühl stellen.

Kurz vor dem Servieren den steif geschlagenen Rahm sorgfältig unter die Creme heben. Die Früchte in Dessertschalen verteilen, darüber die Creme verteilen, mit einigen Beeren dekorieren.

Wirkung

Tonisiert das Blut, harmonisiert die Mitte, bewahrt die Säfte.

Varianten

• Bei Hitze: Mit Pfefferminzblättern dekorieren.

• Bei Feuchte: Salz, Limettensaft, Sauerrahm und Kakao weglassen. Den steif geschlagenen Rahm mit 1 Prise Ingwer aromatisieren, statt Beeren Ananas nehmen und separat zur Creme reichen.

• Bei Kälte: Die Creme zur Dekoration mit Zimt bestreuen, als Früchte eignen sich gut entsteinte Kirschen. Dazu Fencheltee trinken.

Amarantcake

Zwischenmahlzeiten

Gefüllte Datteln

E Datteln, längs aufgeschnitten, entsteint
E 100 g Mozzarella, in Stifte geschnitten,
   die in die Datteln passen
M wenig weisser Pfeffer
W 2 EL Sojasauce

Die Mozzarellastifte mit wenig weissem Pfeffer
bestreuen, mit der Sojasauce beträufeln und
15 Minuten ziehen lassen.
   Die Datteln mit dem Mozzarella füllen.

Tipp

Anstelle von Datteln können auch entsteinte
Pflaumen verwendet werden.

Wirkung

Tonisiert Blut und Säfte.

Varianten

• Bei Hitze: Nach dem Pfeffer wenig fein
geschnittene Pfefferminze beigeben, dann mit der
Sojasauce beträufeln.
• Bei Feuchte: Nicht zu viel davon essen.
Anstelle von Sojasauce Balsamicoessig nehmen, danach einen Tropfen Walnussöl, etwas Pfeffer, zusätzlich wenig Meerrettich dazuraffeln, den Mozzarella
damit bestreichen.
• Bei Kälte: Die Datteln mit einer gerösteten Wal-
nuss füllen.

Roggen-Sesamknäckebrot mit Avocadoaufstrich

E Roggen-Sesamknäckebrot (fertig zu kaufen)

H 2 EL Zitronensaft
F wenig Rosmarinpulver
E 1–2 Avocados, entsteint, geschält, gewürfelt
E 100 g Tofu, gewürfelt
E 2 EL Rahm
M 2 Radieschen, ganz fein geschnitten
M wenig weisser Pfeffer
W 3 EL Sojasauce
W Salz nach Geschmack

Zitronensaft und Rosmarin sofort mit den Avocado-
würfeln mischen, die Tofuwürfel, Rahm, Radieschen,
Pfeffer und Sojasauce unterziehen und alles pürieren.
Mit Salz abschmecken.
   Das Knäckebrot damit bestreichen.

Tipps

Im Kühlschrank aufbewahrt hält sich der Aufstrich einige Tage.
   Eignet sich auch als Dip zu Gemüse.

Wirkung

Wirkt aufbauend und stärkend.

Varianten

• Bei Hitze: Zubereitung wie beschrieben, eventuell anstelle von Rahm etwas Olivenöl dazugeben.
• Bei Feuchte: Einen Aufstrich aus Feta, gekochten
und pürierten Karotten, wenig Fenchelpulver, Muskatnuss und Salz herstellen.
• Bei Kälte: Einen Aufstrich aus Feta, gekochten
und pürierten Karotten, fein gehackten gerösteten
Walnüssen, Muskatnuss, Pfeffer und Salz herstellen.

Roggen-Sesamknäckebrot mit Avocadoaufstrich

Feuchte

Yin-Fülle durch Qi, Yang-Defizit im Funktionsbild Milz/Bauchspeicheldrüse

Ursachen	Zu viel feuchtigkeitsbildende Nahrung wie Fett, Milchprodukte und Fabrikzucker, zu viel kühlende Kost, z.B. Südfrüchte und Säfte (wie Orangensaft), Blattsalate, Joghurt, Quark, Tiefkühlkost, Essen direkt aus dem Kühlschrank, unregelmässiges Essen; auch einseitige Diäten schwächen den Funktionskreis der Milz, begünstigen Schleim- und Feuchtigkeitsbildung, kühlen die Nierenenergie. Frustessen, Bewegungsmangel, Zweifel, Komplexe, Versagensangst, Überforderung, Überbesorgtsein um andere, Grübeln, feuchtes Klima.
Hinweise	Neigung zu Übergewicht, Wasseransammlungen im Körper (aufgedunsenes Gesicht), Doppelkinn, morgens geschwollene Augen, Cellulite an Beinen und Armen, grobporige Haut, Ablagerungen im Körper inklusive Steinbildung, Gewichtszunahme vor der Periode, Schwellungen an Händen, Fingern, Extremitäten, Zahnabdrücke am Zungenrand, schwammige Zunge, schwerer Atem, weicher Stuhl, Ausfluss bei Frauen, schmerzhafte Menstruation, Schleimabsonderungen ohne Erkältung; verträgt keinen Druck am Körper (Gürtel), verminderter Durst, manchmal Übelkeit nach dem Essen, Schwere und Müdigkeit nach dem Essen, ringartige/watteartige Kopfschmerzen.

Bedrückt, depressiv, antriebsschwach, bedächtig, nach dem Aufwachen nur langsam in Schwung kommend, schwerfällig, wenig Vitalität, grüblerisch, Zweifel, Konzentrationsschwäche, Mühe mit Denken, Probleme mit feuchtem Wetter, Schweregefühl in Armen und Beinen, Völlegefühl im Oberbauch, Langschläfer, Mittagsschlaf.	Befinden
Denaturierter Zucker, künstliche Süssmittel, in der Temperatur kalte Lebensmittel und Gewürze (siehe Lebensmittelzuteilung Seite 138 ff.), Fruchtsäfte, Südfrüchte, Alkohol, Rotwein, süsses Mineralwasser, Vorsicht mit saurem Geschmack, fettiges Essen, Wurstwaren, in Fett Gebackenes, Frittiertes, schwere Mahlzeiten, frisches Brot, Sandwich, Milchprodukte. Wenig Nüsse und Eier, wenig gesalzene, ungekochte Speisen und Blattsalate, nichts Süss-Saures wie Fruchtjoghurt und Süss-Fettes wie Speiseeis und Torten.	Lebensmittel, die weggelassen werden sollten
Bitteres, warme Lebensmittel und Getränke, Geschmacksrichtung scharf, würzig zubereitete Speisen, natürliche Süsse, Kümmel, Ingwer, Muskatnuss, Lorbeerblatt, Gewürznelke, Oregano, Rosmarin, Thymian, Safran, Salbei, Gelbwurz, Kardamom, Wacholderbeeren, Truthahn-, Huhn-, Rindfleisch, wenig Schaf- und Wildfleisch, geräucherter magerer Fisch, Knäckebrot oder geröstetes Brot (Toast), Buchweizen, Amarant, Hafer, Gerste, Grünkern, Reis, gebackene Süsskartoffeln, Kastanien, Karotten, Fenchel, Kürbis, Kohl, Topinambur, Hülsenfrüchte, Adzukibohnen, Linsen, Kokosmilch, Shiitakepilze, gerösteter Rettich und Getreide. Warmes Wasser, Fencheltee, Ingwertee. Essen und trinken trennen.	Bevorzugte Lebensmittel
Rösten, dämpfen, braten ohne Fett, lange kochen, Eintöpfe, backen, viel bewegend kochen, dynamisch, im Wok, Dampfkochtopf, grillen.	Kochmethoden
Kontakte und Gruppenerfahrung pflegen, Rätselraten, töpfern, basteln, Bodenberührung wie Barfusslaufen im Sommer, Gartenarbeit, Wandern, Bewegung, Massage.	Übungen

Feuchte | 73

Frühstücksvorschläge

Jeweils für 1 Person

Wirkung

Diese Frühstücksvorschläge stärken die Mitte. Sie helfen entfeuchten, unterstützen das Nieren-Yang, sind leicht verdaulich und gut sättigend. Möglichst wenig nachsüssen.

Tipps

Dazu können Knäckebrot oder dünne getoastete Brotscheiben gereicht werden. Wichtig: Gut kauen und langsam essen.

Als Getränke eignen sich Fencheltee, Brennnesseltee, Jasminblütentee, Lindenblütentee.

Maisbrei

E   3 EL feiner Maisgriess
E   1 EL Sultaninen
M   2 Prisen Kardamom
W   200 ml Wasser
H   1 Spritzer Apfelessig
F   1 Prise Kakao
E   1 Messerspitze Fenchelpulver
E   2 Tropfen Stevia (Reformhaus)

Den Maisgriss in einer beschichteten Pfanne unter ständigem Rühren leicht rösten. (Dies kann auf Vorrat zubereitet werden; ausgekühlt gut verschlossen aufbewahren.)

Den angerösteten Maisgriess in einen Topf geben, die Sultaninen und den Kardamom beifügen, das Wasser dazugiessen. Mit dem Apfelessig, dem Kakao und dem Fenchelpulver abrunden, alles aufkochen und unter mehrmaligem Rühren 5 Minuten köcheln lassen. Den Brei etwas ziehen lassen und mit Stevia abschmecken.

Haferflockenbrei

M   3 EL Haferflocken
M   1 kleines Stück Zimtstange
W   100 ml Wasser
H   1 Tropfen Zitronensaft
F   1 Prise Kakao
F   1 Prise Thymian
E   1 EL gedörrte Ananas, in feine Würfel geschnitten
E   Ahornsirup nach Bedarf

Die Haferflocken in einer beschichteten Pfanne rösten. (Dies kann auf Vorrat zubereitet werden; ausgekühlt gut verschlossen aufbewahren.)

Die vorbereiteten Haferflocken in einen Topf geben, Zimtstange, Wasser, Zitronensaft, Kakao und Thymian beigeben, alles aufkochen und die Dörrfrüchte hinzufügen. Unter gelegentlichem Rühren etwa 10 Minuten köcheln lassen. Die Zimtstange entfernen und den Brei nach Bedarf mit Ahornsirup abschmecken.

Brennnesselsuppe

E Wenig Butter
M 4 EL feine Haferflocken
M 300 ml trockener Weisswein
W 600 ml Gemüsebouillon
H 1 EL Sauerrahm
F/E 50 g frische Brennnesselblätter, kurz gewaschen, trockengeschüttelt, fein gehackt
F 2 EL Kerbel, fein geschnitten
F etwas Rosmarin
F etwas Thymian
E etwas Estragon
M etwas Muskatnuss
M 1 Fingerspitze Krauseminze
W Salz, wenn nötig

Die Butter schmelzen, die Haferflocken dazugeben und darin wenden, mit dem Weisswein und der Gemüsebouillon ablöschen, 10 Minuten köcheln lassen.

Den Sauerrahm einrühren und die Brennnesseln beifügen, weitere 5 Minuten ziehen lassen.

Mit Kerbel, Rosmarin, Estragon, Muskatnuss, Krauseminze und nach Bedarf Salz abschmecken.

Wirkung

Leitet Feuchtigkeit aus, reinigt, stärkt Nieren und Milz, tonisiert das Blut.

Bei allen Feuchtigkeitsproblemen, für alle Erscheinungsbilder zur Blutreinigung im Frühjahr geeignet; bei Hitze- und Trockenenerscheinungsbild mit Olivenöl abrunden.

Gemüsesuppe mit Champignons

E Wenig Butter zum Anbraten
E 1 grosse Karotte, in Stücke geschnitten
E ¼ Knolle Sellerie, in mundgerechte Stücke geschnitten
E 1 Fenchel, in Stücke geschnitten
E 500 g Kartoffeln, geschält, gewürfelt
M 1 Zwiebel, fein gehackt
M 1 Knoblauchzehe, gepresst
M 1 Lorbeerblatt
M 1 Nelke
M ½ TL Majoran
M 1 Prise Pfeffer
M 1 Prise Gelbwurz *F*
W etwas Salz
W 800 ml Gemüsebouillon → *nur Wasser / Alge*
H 1 Spritzer Zitronensaft
F 1 EL Thymian, fein gehackt
E 200 g Champignons, geputzt, in Scheiben geschnitten

Die Butter schmelzen, das vorbereitete Gemüse darin anbraten. Zwiebel und Knoblauch dazugeben und mitdünsten, das Lorbeerblatt und Nelke hinzufügen, mit Majoran, wenig Pfeffer, Gelbwurz und Salz würzen, dann mit der Gemüsebouillon ablöschen. Alles 20 Minuten kochen lassen.

Die Suppe mit Zitronensaft und Thymian abrunden. Die Champignons beigeben und weitere 15 Minuten bei niedriger Temperatur garen. Das Lorbeerblatt und die Nelke entfernen und servieren.

Wirkung

Stärkt das Qi von Magen und Milz/Bauchspeicheldrüse, unterstützt die Entfeuchtung, tonisiert Blut und Qi.

Varianten

• Bei Kälte: Nach den Kartoffeln ¼ Stange Lauch, in Ringe geschnitten, beigeben, den Thymian durch Rosmarin ersetzen.

- Bei Hitze: Karotte und Fenchel durch Broccoli ersetzen, nur dünsten, nicht braten, Knoblauch und Nelke weglassen, den Thymian durch Petersilie ersetzen.
- Bei Trockenheit: Fenchel durch Broccoli ersetzen, nur dünsten, nicht braten, den Knoblauch weglassen, Majoran durch Liebstöckel ersetzen.

Maissuppe

E   Butter zum Anbraten
E   1 grosser süsser Apfel, halbiert, entkernt, gewürfelt
E   2 frische Maiskolben, Körner abgelöst (ersatzweise 1 Dose Maiskörner)
M   1 Zwiebel, fein gehackt
M   1 TL Curry
W   ¼ TL Salz
W   700 ml Gemüsebouillon
H   100 ml Weisswein
F   ½ TL Thymian
F   3 EL lauwarmes Wasser
E   1 TL Pfeilwurzmehl
E   je ½ rote und grüne Peperoni (Paprika), klein gewürfelt
M   1 Messerspitze Pfeffer
M   1 Prise Cayennepfeffer
M   1 Bund Schnittlauch, in feine Röllchen geschnitten

Die Butter erwärmen, die Apfelwürfel dazugeben, die Zwiebel mitdünsten, bis sie einen süsslichen Geschmack annimmt, dann die Maiskörner hinzufügen, kurz mitdämpfen, mit Curry und Salz bestreuen, mit der Gemüsebouillon und dem Weisswein ablöschen und aufkochen. Den Thymian beigeben und weiterkochen, bis die Maiskörner gar sind.

Die Suppe mit dem Stabmixer oder im Mixer pürieren und anschliessend durch ein Sieb passieren.

Im lauwarmen Wasser das Pfeilwurzmehl auflösen. Die Suppe wieder erwärmen, das Pfeilwurzmehl langsam dazugeben und gut durchrühren.

Die vorbereiteten Peperoni (Paprika) einstreuen und weich garen. Die Suppe mit Pfeffer und Cayennepfeffer abschmecken.

Mit Schnittlauch garniert servieren.

Wirkung

Bewegt das Qi, stärkt den Magen, tonisiert Nieren und Dickdarm, unterstützt die Konzentration.

Varianten

- Bei Kälte: Zubereitung wie beschrieben.
- Bei Hitze: Milden Curry wählen, Thymian durch Majoran ersetzen, wenig weissen Pfeffer verwenden, Cayennepfeffer und Schnittlauch weglassen, mit Sauerrahm und Kerbel garnieren.
- Bei Trockenheit: Milden Curry wählen, Thymian durch Majoran ersetzen, nach den weich gekochten Peperoni (Paprika) 100 ml Rahm beigeben, Cayennepfeffer und Schnittlauch weglassen, mit Petersilie garnieren.

Maissuppe | 77

Topinambursalat

E 500 g Topinambur, geschält, geraffelt
M 1 Prise Pfeffer
W 1 Prise Salz
H ein paar Tropfen Zitronensaft

Sauce:
H 3 EL Apfelessig
H/F ½ Bund Petersilie, fein gehackt
F ½ TL Thymian
E 6 Esslöffel Sonnenblumenöl
E 1 süsser Apfel, fein gerieben (Bircherraffel)
M 1 Messerspitze Ingwerpulver
M 1 Messerspitze Muskatnuss
W etwas Salz

E 2 EL Haselnüsse, grob gehackt

Die Topinambur sofort mit Pfeffer, Salz und dem Zitronensaft vermischen.

Die Saucenzutaten in der angegebenen Reihenfolge mischen, mit den Topinambur vermengen und mit den gehackten Haselnüssen garnieren.

Wirkung

Tonisiert Milz/Bauchspeicheldrüse und Magen, wirkt diuretisch, stärkt Lungen-Qi und Blut (Topinambur ist ein Wintergemüse).

Varianten

• Bei Kälte: Nach dem Muskatnuss noch etwas Curry beigeben, nach dem Thymian Mohnsamen hinzufügen, die Haselnüsse rösten.
• Bei Hitze: Thymian durch Kerbel ersetzen, am Schluss 1 Esslöffel Sojasauce zur Sauce geben.
• Bei Trockenheit: Nach dem Apfelessig 100 ml Sauerrahm hinzufügen, den Thymian weglassen, am Schluss 1 Esslöffel Sojasauce zur Sauce geben.

Bohnensalat mit Spargeln

W 150 g getrocknete rote Kidneybohnen
W 150 g getrocknete schwarze Bohnen
W 150 g getrocknete kleine weisse Bohnen
E 300 g grüne Spargel, grob geschnitten
M 1 Prise Muskatnuss
W 1 Prise Salz

Sauce:
M 1 EL Senf
M 1 TL Kreuzkümmel, zerstossen
M etwas schwarzer Pfeffer
M ½ TL Curry
W 1 Prise Salz
H 3 EL Balsamicoessig
F 1 Prise Rosmarin
F 1 Prise Thymian
E 4 EL Sonnenblumenöl
E 1 Prise Vollrohrzucker
M 2 Prisen Ingwerpulver
W Salz nach Bedarf

Die Bohnensorten separat in einem Sieb abbrausen, dann jede Sorte für sich etwa 6 Stunden einweichen.

Wegen der unterschiedlichen Garzeit und da sie sich sonst verfärben, die Bohnen wenn möglich getrennt kochen. Die Bohnen mit kaltem Wasser bedeckt 30 Minuten köcheln lassen, dann wenig salzen und fertig weich kochen. Die Bohnen abgiessen und die drei Sorten zusammen in eine Schüssel geben.

Die vorbereiteten Spargeln über Dampf gut bissfest garen (je nach Dicke 10–20 Minuten), mit etwas Muskatnuss und Salz bestreuen und unter die Bohnen mischen.

Die Saucenzutaten in der angegebenen Reihenfolge mischen, mit den Bohnen und Spargeln vermengen und den Salat gut durchziehen lassen.

Wirkung

Tonisiert Milz/Bauchspeicheldrüse, Qi, Blut und Nieren, wirkt diuretisch.

Topinambursalat

Tipp

Die Bohnen werden leichter verdaulich, wenn man ein Stück Kombualge (5 cm) mitkocht; das Salz fällt dann weg.

Varianten

• Bei Kälte: Die getrockneten Bohnen zusammen mit einem Lorbeerblatt kochen, dieses nachher wieder entfernen. In die Sauce nach dem Senf 1 Knoblauchzehe pressen.

• Bei Hitze: In der Sauce den schwarzen Pfeffer durch wenig weissen Pfeffer ersetzen, anstelle von Sonnenblumenöl Olivenöl verwenden, statt Ingwer Majoran nehmen, am Schluss 1 Esslöffel Sojasauce zur Sauce geben.

• Bei Trockenheit: Den schwarzen Pfeffer in der Sauce durch wenig weissen Pfeffer ersetzen, anstelle von Sonnenblumenöl Olivenöl verwenden und etwas mehr Vollrohrzucker dazugeben, statt Ingwer Majoran nehmen, am Schluss 1 Esslöffel Sojasauce zur Sauce geben.

Linsen aus dem Ofen

W	380 g braune Linsen, gut abgebraust
W	1 l kaltes Wasser
W	1 TL Salz
W	300 g Erbsen, gekocht oder Konserve
E	2 Karotten, klein gewürfelt
E	1 Süsskartoffel, in Würfel geschnitten
M	wenig Basilikum
W	wenig Salz

Guss:

E	250 ml Sojarahm (Milch-/Rahmersatz, Reformhaus)
M	½ TL Kreuzkümmel, zerstossen
M	etwas Cayennepfeffer
M	etwas frischer Ingwer, durch die Knoblauchpresse gedrückt
W	½ TL Salz oder nach Geschmack
H	wenig Apfelessig
F	wenig Rosmarinpulver
F	150 g Schafkäse, gut schmelzend
E	3 EL Sonnenblumenkerne

Die Linsen im Wasser 20 Minuten köcheln lassen, dann salzen und gar kochen. Verbliebenes Wasser abgiessen und die Erbsen beifügen.

Die Karotten- und Süsskartoffelwürfel über Dampf bissfest garen, Basilikum und Salz dazugeben und alles mit den Linsen und Erbsen mischen.

Eine Auflaufform mit Butter ausstreichen und die Linsen-Gemüse-Mischung einfüllen.

Alle Zutaten zum Guss in der angegebenen Reihenfolge mischen, gut verrühren und über die Linsenmischung giessen.

Den Schafkäse in Stücke schneiden, auf den Gratin verteilen und mit den Sonnenblumenkernen bestreuen.

Auf der mittleren Schiene im 200 Grad heissen Backofen 30–40 Minuten backen.

Linsen aus dem Ofen

Wirkung

Tonisiert Nieren, Milz/Bauchspeicheldrüse und Magen, wirkt regulierend auf die Harnwege.

Varianten

• Bei Kälte: Nach dem Ingwer 1 Prise Nelkenpulver beigeben.

• Bei Hitze: Ingwer weglassen, etwas mehr Apfelessig beigeben, nur wenig weissen Pfeffer verwenden, den Schafkäse durch Mozzarella ersetzen.

• Bei Trockenheit: Ingwer weglassen, Schafkäse durch Mozzarella ersetzen, nach dem Backen Olivenöl darüber träufeln.

Risotto mit Erbsen und Spargeln

E   Butter
E   10 feine grüne Spargelstangen, gerüstet, in 4 cm lange Stücke geschnitten
E   1 Karotte, geschält, gewürfelt
M   1 Zwiebel, fein geschnitten
M   2 Prisen Muskatnuss
M   200 g Risottoreis
W   600 ml kräftige Gemüsebouillon
W   Salz nach Bedarf
W   100 g grüne Erbsen, frisch oder Konserve
H/F ½ Bund Petersilie
E   wenig Olivenöl
M   1 Prise Majoran

Die Butter erwärmen, Spargel, Karotten und Zwiebel darin andünsten, etwas garen lassen. Den Reis dazugeben und gut rühren, bis er mit Butter überzogen ist, damit er später nicht klebt. Mit der Gemüsebouillon ablöschen, salzen nach Bedarf, die Erbsen und die Petersilie beifügen, mit wenig Olivenöl und Majoran abrunden. Den Risotto bei mässiger Hitze zum Kochen bringen.

Den Risotto in eine passende Gratinform füllen, mit Alufolie zudecken und in der Mitte des 200 Grad heissen Backofens 35–40 Minuten garen (der Reis sollte durchgegart und die Flüssigkeit fast vollständig aufgesogen sein; eventuell die letzten Minuten ohne Abdeckung fertig backen).

Wirkung

Stärkt und harmonisiert den Mittleren Erwärmer, ausleitend.

Varianten

• Bei Kälte: Spargel durch Schwarzwurzeln ersetzen.

• Bei Hitze: Zusätzlich nach der Karotte 100 g klein geschnittenen Spinat beifügen, anstelle von Petersilie einen Spritzer Zitronensaft und ½ Bund Kerbel (abgezupfte Blätter) dazugeben, auf dem Herd fertig kochen.

• Bei Trockenheit: Zusätzlich nach der Karotte 100 g klein geschnittenen Spinat beifügen, nach der Gemüsebouillon 100 ml sauren Most dazugiessen; die Kochzeit verlängert sich etwas, auf dem Herd fertig kochen.

Hirse-Gemüse-Auflauf

W   400 ml kaltes Wasser
H   1 Spritzer Zitronensaft
F   ¼ TL Thymian
E   200 g Hirse, einmal heiss, einmal kalt abgebraust
E   2 Karotten, geschält, klein gewürfelt
M   1 Stange Lauch, in feine Ringe geschnitten
M   1 Zwiebel, fein gehackt
M   1 Knoblauchzehe, fein gehackt
M   1 Lorbeerblatt
M   1 Prise Muskatnuss
W   ca. 1 TL Salz
H   1 Essiggurke, fein geschnitten
H/F 1 Bund Petersilie, fein geschnitten
F   1 Prise Rosmarinpulver

F   150 g Pecorino (Schafkäse), gewürfelt

Wasser, Zitronensaft und Thymian in einen Topf geben, die vorbereitete Hirse, Karotten, Lauch,

Zwiebel und Knoblauch beigeben, Lorbeerblatt, Muskatnuss, Salz, Essiggurke, Petersilie und Rosmarinpulver hinzufügen. Unter ständigem Rühren aufkochen, 3 Minuten weiterkochen, dann zudecken, beiseite stellen und 30 Minuten ausquellen lassen.

Eine Auflaufform mit Butter ausstreichen, die Hirse-Gemüse-Mischung darin verteilen, das Lorbeerblatt entfernen und den Auflauf mit den Käsewürfeln belegen. Im 200 Grad heissen Backofen etwa 20 Minuten überbacken.

Wirkung

Stärkt die Nieren und das Qi, tonisiert das Qi von Magen und Milz/Bauchspeicheldrüse, wärmt.

Varianten

• Bei Kälte: Etwas mehr Muskatnuss dazugeben.

• Bei Hitze: Anstelle von Wasser Gemüsebouillon verwenden, den Lauch durch Broccoli ersetzen, Muskatnuss, Lorbeerblatt und Knoblauch weglassen; kann mit Mozzarellawürfeln überbacken werden.

• Bei Trockenheit: Anstelle von Wasser Gemüsebouillon verwenden, den Lauch durch Sellerie, den Thymian durch Rosmarin ersetzen, Muskatnuss, Lorbeerblatt und Knoblauch weglassen, nach Geschmack mehr Essiggurken dazugeben; kann mit

Lauch mit Kartoffeln

E   Wenig Butter zum Anbraten
E   500 g Kartoffeln, geschält, gewürfelt, trocken-getupft
E   1 Karotte, geschält, fein geschnitten
M   1–2 Stangen Lauch, in Scheiben geschnitten
M   1 Zwiebel, fein geschnitten
M   etwas Muskatnuss
M   etwas Koriandersamen
W   etwas Salz
W   evtl. wenig Gemüsebouillon oder Wasser
E   2 EL Baumnüsse, ohne Fett geröstet

Die Butter schmelzen, Kartoffeln und Karotte darin anbraten, den Lauch und die Zwiebel beifügen, mitbraten. Mit Muskatnuss, Koriandersamen und Salz würzen, mit wenig Gemüsebouillon ablöschen und weich garen.

Vor dem Servieren mit Baumnüssen bestreuen.

Wirkung

Wärmt, harmonisiert die Mitte, unterstützt das Yang, tonisiert das Nieren-Yang.

Varianten

• Bei Kälte: Nach der Karotte zusätzlich Fenchel beigeben, mit mehr Baumnüssen bestreuen.

• Bei Hitze: Statt braten nur dünsten, den Lauch ...ccoli, die Koriandersamen durch Majoran ...mit Sojasauce ablöschen. Die Baumnüsse ...nüsse ersetzen, nur wärmen, nicht braten.

...rockenheit: Statt braten nur dünsten, ...ch Broccoli, Koriandersamen durch Majoran ...mit Sojasauce ablöschen, am Schluss mit ...streuen.

fertig gekochte Hirse S/82
- Olivenöl
- Lauch andünsten
- Thymian, Pfeffer, Muskat
- Salz
- Petersilie, 1 Tomate gewürfelt
- Paprika
- 1 versprudeltes Ei, Hirse
- Auflaufform → Pecorino bestr.

Gebratener bunter Reis

W   100 g getrocknete Kichererbsen
M   150 g Langkornreis, gewaschen
W   300 ml Wasser

E   Maiskeimöl oder Kochbutter zum Anbraten
E   100 g frische Shiitakepilze, geputzt, in grobe Streifen geschnitten, oder ca. 6 getrocknete Pilze, 30 Minuten in warmem Wasser eingeweicht
E   1–2 Karotten, geschält, in feine Rädchen geschnitten
E   1 kleiner Knollensellerie, geschält, gewürfelt
M   ½ (evtl. schwarzer) Rettich, geschält, in Stifte geschnitten
M   1 Zwiebel, sehr fein geschnitten
M   1 Knoblauchzehe, gepresst
M   1 TL frischer Ingwer, sehr fein geschnitten
M   etwas Cayennepfeffer
M   ½ TL Gelbwurz (Kurkuma)
W   Salz nach Bedarf
H   2 EL Apfelessig
F   wenig Thymian
M   Pfeffer nach Geschmack

Die Kichererbsen über Nacht in reichlich Wasser einweichen. Das Wasser abgiessen, die Kichererbsen in einem Topf mit frischem Wasser bedeckt 30 Minuten bei mässiger Temperatur köcheln lassen, dann wenig salzen und fertig kochen, bis sie weich sind.

Den Reis in wenig erwärmter Butter andünsten, mit dem Wasser ablöschen, wenig salzen und weich garen.

Wenig Maiskeimöl erwärmen, die Pilze darin kurz anbraten und beiseite stellen.

Karotten, Sellerie und Rettich anbraten, Zwiebel und Knoblauch beifügen, weiter braten, bis alles goldgelb und bissfest ist. Ingwer, Cayennepfeffer und Gelbwurz hinzufügen, gut umrühren, den vorbereiteten Reis und die Kichererbsen darunter mischen, salzen, mit Apfelessig und Thymian abrunden und nochmals 3 Minuten erhitzen. Zuletzt die beiseite gestellten Pilze hinzufügen und mit wenig Pfeffer abschmecken.

Wirkung

Stärkt das Qi von Milz/Bauchspeicheldrüse und Nieren, wärmt und bewegt Lungen-Qi, entfeuchtet.

Varianten

• Bei Kälte: Am Schluss vor den Pilzen wenig Honig beifügen.

• Bei Hitze: Nicht anbraten, Zwiebel, Knoblauch und Cayennepfeffer, durch wenig weissen Pfeffer ersetzen; als Gemüse eignen sich Chinakohl, Peperoni (Paprika), enthäutete Tomaten; anstelle von Salz Sojasauce beifügen, vor den Pilzen etwas Kerbel dazugeben. Dazu Schwarztee trinken.

• Bei Trockenheit: Nicht anbraten, Zwiebel, Knoblauch und Cayennepfeffer durch wenig weissen Pfeffer ersetzen; als Gemüse eignen sich Chinakohl, Peperoni (Paprika) und enthäutete Tomaten; anstelle von Salz Sojasauce beifügen, nach den Pilzen etwas Honig und gemahlene Sesamsamen dazugeben.

Karotten-Rettich-Pfanne

E   Kokosfett zum Anbraten
E   2 Karotten, geschält, in Stäbchen geschnitten
M/E   1 Rettich (sehr gut schwarzer Rettich), geschält, in Stäbchen geschnitten
M   1 cm Ingwer, durch die Knoblauchpresse gedrückt
M   etwas schwarzer Pfeffer
W   Salz nach Bedarf
H/F   1 Spritzer Balsamicoessig
F   wenig Thymian
F   wenig Rosmarin
E   einige Oliven, entsteint, in Stifte geschnitten

In einer beschichteten Bratpfanne oder im Wok etwas Kokosfett schmelzen, die Karotten dazugeben, schnell bewegen, den Rettich beifügen, weiterrühren, bis das Gemüse bissfest gegart ist. Mit Ingwer, Pfeffer, Salz, Balsamicoessig, Thymian und Rosmarin würzen, am Schluss die Oliven darunter ziehen.

Gebratener bunter Reis | 85

Wirkung

Stärkt die Mitte, belebt das Yang, entstaut Leber und Galle.

Varianten

• Bei Kälte: Zum Würzen nach dem Ingwer zusätzlich wenig Muskatnuss beigeben.

• Bei Hitze: Das Gemüse über Dampf weich garen, nur mit wenig weissem Pfeffer und Salz würzen, dafür reichlich Petersilie und Kerbel beigeben, dann die Oliven darunter mischen.

• Bei Trockenheit: Wie bei Hitze, am Schluss mit gemahlenem Sesam bestreuen.

Birnen mit Ingwer

E 2 grosse süsse Birnen (z.B. Williams), geschält, halbiert, entkernt
M 1 Prise Kardamom
M 1 Zimtstange
M 5 Stücke kandierter Ingwer, grob gehackt
W 100 ml kaltes Wasser
H 2 EL Orangensaft
F 300 ml Rotwein
E 3 EL Vollrohrzucker
E 2 EL Pfeilwurzmehl

Die Birnenhälften in eine Pfanne legen, mit Kardamom bestreuen, die Zimtstange und den kandierten Ingwer beigeben und mit dem kalten Wasser, dem Orangensaft und 200 ml Rotwein aufgiessen (den restlichen Rotwein beiseite stellen). Die Birnen weich kochen.

Die Zimtstange entfernen und die Birnen mit einem Schaumlöffel auf Dessertteller oder in Schalen verteilen.

Im restlichen Rotwein den Vollrohrzucker und das Pfeilwurzmehl auflösen, unter den Birnenkochsud rühren und etwas eindicken lassen. Die Sauce über die Birnen verteilen, auskühlen lassen und servieren.

Wirkung

Durchwärmt die Verdauungsorgane, harmonisiert den Qi-Fluss.

Tipp

Dazu leichten Schwarztee trinken.

Varianten

• Bei Kälte: Mit einem Tupfer mit Vanillezucker aromatisiertem Schlagrahm garnieren.

• Bei Hitze: Eher ungeeignet. Notfalls den Zimt weglassen, etwas mehr Vollrohrzucker beigeben und dazu Pfefferminztee trinken.

• Bei Trockenheit: Eher ungeeignet. Notfalls den Zimt weglassen, mehr Vollrohrzucker beigeben und mit Crème fraîche dekorieren. Dazu Pfefferminztee trinken.

Gebackene Ananas

E 1 Ei
E 1 EL Pfeilwurzmehl
M 1 Prise Zimtpulver
W 2 EL kaltes Wasser
W 1 Prise Salz
H 1 EL Dinkelmehl
H ¾ TL Backpulver
F 1 Prise Kakao
E 4–8 Scheiben Ananas
     Kokosfett zum Ausbacken

Das Ei verquirlen und das Pfeilwurzmehl gut darunter rühren, bis keine Klümpchen mehr zu sehen sind, das Zimtpulver einstreuen, das kalte Wasser dazugiessen und Salz beifügen.

Das Dinkelmehl mit dem Backpulver vermischen und mit der Flüssigkeit zu einem Teiglein vermengen, den Kakao darunter ziehen.

Die Ananasscheiben abtropfen lassen, trockentupfen und durch den Teig ziehen. In wenig Kokosfett golden backen, warm servieren.

Karotten-Rettich-Pfanne | 87

Wirkung

Fördert und unterstützt die Verdauung.

Varianten

• Bei Kälte: Die gebackenen Ananasscheiben mit Zimtzucker bestreuen.

• Bei Hitze: Sanft backen, am Schluss die Ananasscheiben mit Ananassaft beträufeln und mit einem Tupfer Schlagrahm und darauf einem Blatt Pfefferminze dekorieren.

• Bei Trockenheit: Sanft backen, dazu mit Vanillezucker aromatisierten Schlagrahm reichen. Pfefferminztee dazu trinken.

Zwischenmahlzeiten

Popcorn

E   100 g Maiskörner (für Popcorn)

Die Maiskörner in eine weite beschichtete Pfanne einstreuen und sofort zudecken. Auf kleinem Feuer erhitzen, bis alle Maiskörner gesprungen sind (ca. 3 Minuten). In eine Schüssel geben und auskühlen lassen.

Tipp

Kann auf Vorrat zubereitet werden, gut verschlossen aufbewahren.

Popcorn eignet sich ausgezeichnet als knuspriges Knabbergebäck für zwischendurch.

Wirkung

Stärkt den Magen und die Nieren, wirkt leicht diuretisch; der Geschmack ist süsslich.

Varianten

• Bei Kälte: Das fertige Popcorn kurz in wenig zerlassener Butter wenden, mit etwas Vanillezucker und Zimt bestreuen oder in wenig Kakaopulver

wenden und mit Vanillezucker bestreuen (der Fettanteil dient zur besseren Haftung).

• Bei Hitze: Das fertige Popcorn in wenig zerlassener Butter wenden und mit feinem Vollrohrzucker oder – als pikante Variante – mit sehr wenig weissem Pfeffer und etwas Salz bestreuen.

• Bei Trockenheit: Das fertige Popcorn in wenig zerlassener Butter wenden, mit feinem Vollrohrzucker oder mit wenig getrockneten Pfefferminzblättern und Salz bestreuen.

Topinamburchips

E   500 g Topinambur, gut gewaschen, in sehr dünne Scheiben gehobelt

Die Topinamburscheiben auf ein mit Backpapier belegtes Blech legen. Bei 200 Grad im vorgeheizten Ofen etwa 15 Minuten knusprig backen. Lauwarm oder kalt geniessen.

Tipp

Topinamburchips auf Vorrat zubereiten, gut verschlossen trocken aufbewahren.

Wirkung

Stärkt Milz und Bauchspeicheldrüse, wirkt leicht diuretisch; der Geschmack ist süsslich.

Varianten

• Bei Kälte: Mit etwas scharfem Paprika und/oder schwarzem Pfeffer und wenig Salz bestreuen.

• Bei Hitze: Zubereitung wie beschrieben oder mit wenig weissem Pfeffer und Kelp betupft geniessen.

• Bei Trockenheit: Zubereitung wie beschrieben oder mit wenig weissem Pfeffer und/oder mit Meersalz und Algenpulver (Reformhaus) bestreut geniessen.

Gebackene Ananas | 89

Kälte

Qi- und Yang-Mangel, von aussen eingedrungene Kälte

Ursachen Zu wenig Bewegung, sitzende Tätigkeit, Kälte, die von aussen eingedrungen ist, chronische Erkrankungen, zu viel Rohkost, zu viel kalte Nahrung und Getränke, unausgewogene vegetarische und/oder Vollwerternährung. Tierische Produkte sind immer Yang-betonter als pflanzliche. Fehlen von erwärmenden und blutbildenden Gewürzen und Lebensmitteln, dadurch Abkühlung des Nierenfunktionsbilds, Qi- und Verdauungsschwäche, Blutmangel. Begünstigt durch starre Haltung, Leere, Grübeln, Hoffnungslosigkeit, Panik, Verinnerlichung, Abkapselung, Niedergeschlagenheit, kaltes Klima.

Hinweise Blasse Gesichtsfarbe, Hautfarbe und Lippen, Kältegefühl im ganzen Körper, von innen heraus kalte Hände, Finger, Füsse, Nasenspitze, Knie, leicht frierend, fröstelnd, wenig Durst, wenig Ausscheidung, Abneigung gegen kalte und Verlangen nach warmen Getränken, klarer Urin, breiiger Stuhl, Ausscheidungen von Schleim, Urin und Stuhl sind hell, Völlegefühl, Blähungen, Verdauungsstörungen, Erkältungsanfälligkeit, eher Gelüste auf Süsses, dunkle, schwarz gefärbte Augenringe, kein oder wenig Schweiss, leise Stimme, schwacher Händedruck, still.

Wenig Lebensfreude, Neigung zu Engstirnigkeit, müde, kurzatmig, Konzentrationsschwäche, lustlos, wenig Vitalität, langsam, ruhig, introvertiert, Denker/-in.

Befinden

Alle Lebensmittel aus dem Bereich der kalten Temperatur (siehe Lebensmittelzuteilung Seite 138 ff.), Blattsalate, selten Rohkost, Südfrüchte, Melonen, Orangen, Kiwi, Kaki usw., auch die Säfte daraus, Birnen, nur wenig ungekochtes Essen, Tiefkühlkost, Mikrowellengerichte, Sauermilchprodukte, Quark, Joghurt, Schwarztee, Grüntee, Pfefferminztee, Kaffee, Mineralwasser, gefrorene Speisen und Getränke (Eis/Glace, Eiswürfel in Getränken), kalte Müesli oder Frischkornbreie, raffinierte Nahrungsmittel, Fertiggerichte, Sojaprodukte (z.B. Tofu), Brunnenkresse, Gurken, Chinakohl.

Lebensmittel, die weggelassen werden sollten

Lebensmittel aus dem Bereich der neutralen und warmen Temperatur, gekochte Nahrung, leicht scharfe und bitter-warme Gewürze, wie Knoblauch, Kümmel, schwarzer Pfeffer, Chili, Lorbeerblatt, Ingwer, Rosmarin, Muskatnuss, Zimt, warme Getränke, roter Trauben- und Kirschsaft, Fencheltee, Schaf-, Rind-, Huhn-, Wild- und Ziegenfleisch, Pistazien, Walnüsse (Baumnüsse), Mandeln, Hafer, Grünkern, geröstete Hirse und Reis, Kastanien, Bratkartoffeln, Wurzelsalat, Rundkornreis, Hülsenfrüchte, getrocknete Bohnen, Trockenfrüchte, Quittengelee, geräucherte Forelle, Thunfisch, Fenchel, Karotten, Lauch, Kürbis, Süsskartoffeln, Kokosmilch, Schafmilch, Ziegenmilch, Mandelmilch, Schaf- und Ziegenkäse, Parmesan, fermentierter Käse.

Bevorzugte Lebensmittel

Lange kochen, wie Suppen und Eintöpfe, braten, rösten, flambieren, frittieren, im Feuer kochen, grillen, backen.

Kochmethoden

Kreative Tätigkeiten, Atem- und Stimmübungen, malen, musizieren, singen, sich im Freien bewegen, sich selbst eine Freude bereiten, turnen, allgemein viel Bewegung, Wechselduschen.

Übungen

Kälte | 91

Frühstücksvorschläge

Für 1 Person

Wirkung

Wärmt die Nieren und die Verdauungsorgane, stärkt das Yang, ist gut verdaulich, nährend.

Tipps

Dazu kann getoastetes Brot mit wenig Honig gereicht werden.

Als Getränke eignen sich temperierter Traubensaft, Fencheltee, ein warmes Kakaogetränk, Ingwerwasser (eine dünne Scheibe frischer Ingwer mit warmem Wasser übergiessen und ziehen lassen).

Haferbrei

M 3 EL Haferkörner
  oder notfalls grobes Mehl
E 200 ml Traubensaft
E 1 EL Mandeln, fein gehackt, geröstet (ohne Fett)
E 1 EL gedörrte entsteinte Pflaumen,
  fein geschnitten
E Honig nach Bedarf
M 1 gute Prise Ingwerpulver

Den Hafer in einer beschichteten Bratpfanne auf mittlerer Hitze unter ständigem Rühren leicht braun rösten. Die Haferkörner auskühlen lassen und anschliessend in der Getreidemühle mahlen. (Dies kann auf Vorrat zubereitet werden, ausgekühlt gut verschlossen aufbewahren.)

Den Traubensaft in einen Topf giessen, das Hafermehl dazurühren, aufkochen, unter mehrmaligem Rühren 5 Minuten köcheln lassen. Die gerösteten Mandeln (sie können ebenfalls auf Vorrat geröstet werden) und Pflaumen hinzufügen, gut mischen und kurz ziehen lassen, mit Honig abschmecken und den Ingwer darunter mischen.

Geröstete Dinkel-Weizen-Flocken

H 2 EL Dinkelflocken
H 2 EL Weizenflocken
F 100 ml kochendes Wasser
E 1 EL Haselnüsse, fein gehackt, geröstet (kann auf Vorrat zubereitet werden, gut verschlossen aufbewahren)
E 4 Datteln, entsteint, fein gewürfelt
E etwas Rahm
M Vollrohrzucker nach Bedarf
M 1 gute Prise Zimtpulver
M 1 Prise Nelkenpulver

Die Dinkel- und Weizenflocken trocken rösten, mit dem kochenden Wasser übergiessen, die vorbereiteten Haselnüsse, die Datteln und den Rahm beifügen, 5 Minuten köcheln lassen. Mit Vollrohrzucker, Zimt- und Nelkenpulver abschmecken, kurz nachquellen lassen.

Karotten-Lauch-Suppe

E Wenig Butter zum Andünsten
E 3 grosse Karotten, geschält, in Rädchen geschnitten
M 1 TL Majoran
W 800 ml kräftige Gemüsebouillon
H 1 Spritzer Zitronensaft
F 1 Prise Rosmarinpulver
E 1 TL Pfeilwurzmehl
M ½ Stange Lauch, in feine Ringe geschnitten
M 2 Messerspitzen Muskatnuss
M 1 Prise Cayennepfeffer
  Karottengrün oder Petersilie als Dekoration

Wenig Butter schmelzen und die Karotten darin anbraten, mit Majoran bestreuen und mit der Gemüsebouillon ablöschen, aufkochen und zugedeckt 20 Minuten köcheln lassen, dann die Suppe pürieren.

Mit einem Spritzer Zitronensaft und dem Rosmarin würzen.

Das Pfeilwurzmehl in wenig lauwarmem Wasser auflösen, zur Suppe geben und mit dem Schwingbesen gut rühren, aufpassen, dass sich keine Klümpchen bilden.

Den Lauch beifügen und die Suppe mit Muskatnuss und Cayennepfeffer abschmecken, weitere 10 Minuten köcheln lassen.

Die Suppe in Tellern anrichten und mit Karottengrün oder Petersilie hübsch dekorieren.

Wirkung

Stärkt den Mittleren Erwärmer, wärmt, bewegt das Qi von Magen und Milz, tonisiert das Nieren-Yang.

Varianten

• Bei Feuchte: Statt Zitronensaft frische Petersilie dazugeben.

• Bei Hitze: Alles nur dünsten statt braten, den Lauch durch Sellerie ersetzen, Muskatnuss und Cayennepfeffer weglassen, dafür nach dem Rosmarin Kerbel hinzufügen.

• Bei Trockenheit: Alles nur dünsten statt braten, den Lauch durch Sellerie ersetzen, Muskatnuss und Cayennepfeffer weglassen, mit Sauerrahm dekorieren.

Kraftsuppe

E	800 g Rindfleisch (z.B. Hohrücken) aus kontrollierter Haltung
E	2 l Wasser
E	3 Karotten, geschält, grob geschnitten
E	½ Sellerieknolle, gerüstet, grob geschnitten
E	1 Fenchel, in Stücke geschnitten
E	¼ TL Angelikawurzel (Angelica sinensis, fakultativ)
M	1 Stange Lauch, in grosse Stücke geschnitten
M	1 Zwiebel, halbiert
M	3 Lorbeerblätter
M	3 Nelken
M	einige Senfkörner
M	einige schwarze Pfefferkörner
M	Salz nach Bedarf
H	¼ Zitrone (unbehandelt)/1 Zitronenschnitz
F	1 Zweig Rosmarin, abgezupfte Nadeln
H/F	2 Scheiben Dinkelbrot, in feine Würfel geschnitten, geröstet
H/F	Petersilienblätter, abgezupft
M	Preiselbeermarmelade
M	Rahm mit Meerrettich
M	Senffrüchte

Das Fleisch 1 Stunde vor dem Kochen aus dem Kühlschrank nehmen, mit Haushaltpapier abtupfen.

Das Wasser aufkochen, das vorbereitete Gemüse (Karotten, Sellerie, Fenchel, Angelikawurzel und Lauch) ins Wasser geben (bei jedem Wechsel zum nächsten Element ein paar Mal umrühren), die Zwiebel mit den Lorbeerblättern und Nelken bespicken und zum Sud geben, Senfkörner, Pfefferkörner, Salz, Zitronenschnitz und Rosmarinnadeln hinzufügen. Der Sud soll gut warm sein, darf aber nicht kochen, dann das Fleisch hineinlegen und 1–1½ Stunden bei mässiger Hitze ziehen lassen.

Die Gewürze aus der Suppe sieben, die Bouillon mit dem Gemüse in vorgewärmten Tellern anrichten. Die vorbereiteten Brotwürfel und die Petersilie darüber streuen, servieren.

Kälte 93

Tipp

Das Fleisch kann separat mit Senffrüchten, geschlagenem Rahm mit Meerrettich und Preiselbeermarmelade gereicht werden.

Wirkung

Tonisiert das Qi des Mittleren Erwärmers, nährt das Blut, kräftigend, wärmend.

Varianten

• Bei Feuchte: Angelikawurzel weglassen, den Zitronenschnitz durch einen Spritzer Balsamicoessig ersetzen.

• Bei Hitze bei Müdigkeit und hellem, breiigem Stuhl: Senfkörner und Pfefferkörner weglassen, die Rosmarinnadeln durch frische Kerbelblätter ersetzen, keine gerösteten Brotwürfel beigeben. Vorsicht mit Meerrettich und Senffrüchten, dafür können fein gescheibelte Radieschen und Essiggurken zum Fleisch gereicht werden.

• Bei Trockenheit bei Müdigkeit und hellem, breiigem Stuhl: Senf- und Pfefferkörner weglassen, geröstete Brotwürfel weglassen, Vorsicht mit Meerrettich und Senffrüchten, dafür Radieschen und Essiggurken zum Fleisch reichen.

Kartoffelkräutersuppe

E	250 g Kartoffeln, geschält, gewürfelt
E	wenig Butter
M	1 Frühlingszwiebel, mit dem Grün fein geschnitten
M	50 g Kräuter wie Schnittlauch, Basilikum und Majoran, gezupft oder geschnitten
W	½ l Gemüsebouillon
H	Petersilie, zerkleinert
F	Thymian, abgezupfte Blätter
F	Kerbel, abgezupfte Blätter
E	Estragon, abgezupfte Blätter
E	200 ml Rahm
M	1 Prise Cayennepfeffer
M	1 Prise Muskatnuss
M	wenig weisser Pfeffer, frisch gemahlen

Die Kartoffeln über Dampf weich kochen.

Wenig Butter schmelzen, die Frühlingszwiebel darin kräftig andünsten, Schnittlauch, Basilikum und Majoran kurz mitdünsten, die Gemüsebouillon beifügen und die restlichen Kräuter in der angegebenen Reihenfolge dazugeben, 3 Minuten überwallen, dann die noch warmen Kartoffeln hinzufügen.

Mit dem Rahm auffüllen und bis vors Kochen bringen. Kräftig abschmecken, noch kurz ziehen lassen. In vorgewärmte Teller verteilen und servieren.

Wirkung

Tonisiert das Qi von Milz/Bauchspeicheldrüse und Magen, stärkt das Nieren-Yang, wärmt, fördert die Ausscheidung und Verdauung.

Varianten

• Bei Feuchte: Weniger Rahm beigeben.

• Bei Hitze: Nach der Gemüsebouillon wenig Zitronensaft beifügen, mit dem Rahm abschliessen, die übrigen Gewürze weglassen. (Vorsicht mit Schnittlauch und stark erwärmenden Kräutern.)

• Bei Trockenheit: Vorsicht mit stark erwärmenden Kräutern; mit dem Rahm abschliessen, die übrigen Gewürze weglassen.

Kartoffelkräutersuppe

Linsensuppe

W 220 g rote Linsen, in einem Sieb abgespült
W 1 l kalte Gemüsebouillon
H 2 Tomaten, enthäutet, entkernt, gewürfelt
F 1 Zweiglein Rosmarin
E 1 Karotte, geschält, in Würfel geschnitten
M 1 Zwiebel, grob gehackt
M 1 TL scharfer Paprika
M 1 Knoblauchzehe, Keimling entfernt, gepresst
M 1 Lorbeerblatt
M 1 TL gemahlener Kümmel
M 1 Prise Pfeffer
W ½ TL Salz nach Geschmack

H 4 Esslöffel Brotwürfel, geröstet
F ½ Bund Petersilie, gehackt

Die Linsen zur kalten Gemüsebouillon geben. Tomatenwürfel, Rosmarin, Karottenwürfel und Zwiebel dazugeben, gut umrühren. Dann mit dem Paprika würzen, den Knoblauch dazupressen, das Lorbeerblatt, Kümmel und Pfeffer beifügen. Alles ganz weich kochen und zuletzt salzen.

Das Lorbeerblatt entfernen und die Suppe pürieren, falls nötig noch etwas Wasser beigeben, nochmals aufkochen und in Teller verteilen.

Mit den gerösteten Brotwürfeln und der Petersilie bestreut servieren.

Wirkung

Tonisiert das Qi der Nieren und unterstützt die Verdauung, schleimlösend.

Varianten

• Bei Feuchte: Den Rosmarin durch Thymian ersetzen.

• Bei Hitze: Die Karotte durch 1 rote Peperoni (Paprika) ersetzen, Knoblauch und Pfeffer weglassen, statt scharfem Paprika Rosenpaprika verwenden, ½ Teelöffel Kerbel und Oregano beigeben, anstelle der gerösteten Brotwürfel mit etwas Olivenöl beträufeln. Dazu Schwarztee trinken.

• Bei Trockenheit: Die Karotte durch 1 rote Peperoni (Paprika) ersetzen, Knoblauch und Pfeffer weglassen, statt scharfem Paprika Rosenpaprika verwenden und zum Abrunden anstelle von Brotwürfeln mit Mandelblättchen bestreuen. Dazu Pfefferminztee trinken.

Kürbissalat

E 400 g Kürbis (z.B. Hokkaido), in kleine Würfel geschnitten

Sauce:
E ½ TL Anispulver
E ¼ TL Fenchelpulver
M 1 Messerspitze Ingwerpulver
M 1 Messerspitze Gelbwurz (Kurkuma)
M 1 etwas Cayennepfeffer
W ½ TL Salz
H 3 EL Apfelsaft oder Essig
F 1 Prise Rosmarin
E 6 EL Sonnenblumenöl
E 1 EL Walnussöl
E 1 TL Akazienhonig

E 2 EL Mandeln, fein geschnitten, leicht geröstet
E 2 EL Kürbiskerne, leicht geröstet
E/M wenig kandierte Ananas und Ingwer, fein geschnitten

Die Kürbiswürfel im Siebeinsatz über Wasserdampf weich dämpfen; aufpassen, dass sie nicht zerfallen, dann in eine Schüssel geben.

Die Saucenzutaten in der angegebenen Reihenfolge verrühren und unter den lauwarmen Kürbis mischen, ½ Stunde ziehen lassen.

Mandeln, Kürbiskerne und die kandierten Früchte über den Salat verteilen und servieren.

Wirkung

Wärmt die Nieren, tonisiert Milz/Bauchspeicheldrüse, Magen- und Lungen-Qi, nährt die Mitte.

Kürbissalat 97

Varianten

• Bei Feuchte: Den Honig weglassen, das Sonnenblumenöl durch Fencheltee ersetzen.

• Bei Hitze: Anispulver, Cayennepfeffer und Walnussöl weglassen, dafür getrocknete Pfefferminzeblätter dazugeben und eventuell etwas mehr Sonnenblumenöl verwenden; die Mandeln und Kürbiskerne nicht rösten. Auf grünen Salatblättern anrichten und mit Kresse dekorieren.

• Bei Trockenheit: Cayennepfeffer, Anispulver und Walnussöl weglassen, eventuell etwas mehr Sonnenblumenöl verwenden; unter die Kürbiswürfel ein paar Datteln mischen; die Mandeln und Kürbiskerne nicht rösten. Auf grünen Salatblättern anrichten und mit Sprossen dekorieren.

Linsen-Mais-Salat

W 150 g braune Linsen, in einem Sieb unter fliessendem Wasser gewaschen
E 150 g Maiskörner aus dem Glas, gut abgetropft
M 1 TL Kreuzkümmel, zerstossen
W 1 Prise Salz

   Sauce:
M 1 EL Senf
M ½ TL schwarze Pfefferkörner, zerstossen
M wenig Kardamom
M 1 Prise Gelbwurz (Kurkuma)
M ½ TL Curry
W Salz nach Geschmack
H 3 EL Apfelessig
H/F 1 Bund Petersilie, fein gehackt
F wenig Rosmarin
F wenig Thymian
E 5 EL Sonnenblumenöl
M 1 Knoblauchzehe, gepresst

Die Linsen in (ca. 400 ml) kaltes Wasser geben und 30 Minuten köcheln lassen, wenig salzen und dann fertig garen, zugedeckt auf der ausgeschalteten Herdplatte nachquellen lassen.

Die Maiskörner mit Kreuzkümmel und Salz würzen und unter die Linsen mischen.

Die Zutaten zur Sauce in der angegebenen Reihenfolge verrühren. Unter die lauwarme Linsen-Mais-Mischung ziehen, mindestens 10 Minuten ziehen lassen und dekorativ anrichten.

Wirkung

Tonisiert das Qi von Magen, Herz und Nieren, erwärmt den Mittleren Erwärmer.

Varianten

• Bei Feuchte: Zubereitung wie beschrieben. Dazu Brennnesseltee trinken.

• Bei Hitze: Schwarzen Pfeffer weglassen, die Knoblauchzehe durch fein gehackte Radieschen, das Sonnenblumenöl durch Olivenöl ersetzen, auf Blattsalat anrichten.

• Bei Trockenheit: Schwarzen Pfeffer und Knoblauch weglassen. Das Sonnenblumenöl durch Olivenöl ersetzen, nach dem Apfelessig 1 sauren Apfel (z.B. Boskop) dazuraspeln. Auf Blattsalat anrichten.

Nüsslisalat mit geröstetem Knoblauch-brot

F   200 g Nüsslisalat (Feldsalat), geputzt, gewaschen

     Sauce:
E   3 EL Sonnenblumenöl
E   3 EL Walnussöl
E   1 Fenchel, sehr fein geraspelt
M   ½ TL Curry
M   1 Knoblauchzehe, gepresst
M   etwas schwarzer Pfeffer aus der Mühle
     nach Geschmack
M   1 Prise getrockneter Ingwer
W   ¼ TL Salz
H   4 EL Rotweinessig
F   etwas Rosmarinpulver

H/F 2 Scheiben Dinkelbrot
E   einige Tropfen Olivenöl
M   1 Knoblauchzehe, halbiert

Den Nüsslisalat in eine Schüssel geben.

Die Zutaten zur Sauce in der angegebenen Reihenfolge verrühren, unter den Nüsslisalat mischen.

Die Dinkelbrotscheiben knusprig rösten oder toasten, mit ein paar Tropfen Olivenöl beträufeln und mit der aufgeschnittenen Knoblauchzehe kräftig einreiben, dann das Brot in Würfel schneiden und über den Salat verteilen.

Hinweis

Blattsalate haben eine kühlende Wirkung, in Verbindung mit dieser wärmenden Sauce und dem Knoblauchbrot wird die thermische Wirkung ausgeglichen.

Varianten

• Bei Feuchte: Zubereitung wie beschrieben.
• Bei Hitze: Walnussöl und Knoblauch weglassen, ersetzen durch Olivenöl, milden Curry und weissen Pfeffer verwenden, den Rotweinessig durch Apfelessig ersetzen, nach dem Essig 2 Esslöffel Tomatensaft beifügen. Das geröstete Brot mit Olivenöl und Tomatensaft beträufeln oder eine Tomate aufschneiden und das Brot damit einreiben.

• Bei Trockenheit: Walnussöl durch Olivenöl ersetzen und zusätzlich 1 TL Honig beifügen, milden Curry und weissen Pfeffer verwenden, den Rotweinessig durch Apfelessig ersetzen und danach 2 EL Tomatensaft dazugeben. Das Brot mit Olivenöl und Tomatensaft beträufeln.

Lauwarme schwarze Bohnen

W   400 g getrocknete schwarze Bohnen

E   6 EL Olivenöl
E   1 rote Peperoni (Paprika), entkernt,
     in mundgerechte Stücke geschnitten
M   4 Blätter Basilikum, fein geschnitten
M   3 Knoblauchzehen, fein gehackt
M   1 Prise Cayennepfeffer
W   Salz nach Bedarf
H   1 Spritzer Zitronensaft
F   3 Salbeiblätter, in Streifen geschnitten
E   1 Messerspitze Akazienhonig
M   1 Prise schwarzer Pfeffer

H/F Toastbrot

Die Bohnen über Nacht in 1 l kaltem Wasser einweichen. In ein Sieb schütten, dann mit frischem kaltem Wasser bedeckt aufkochen und köcheln lassen, bis sie gar sind (je nach Alter der Bohnen ca. 45 Minuten), leicht salzen. Die Bohnen abtropfen lassen.

In einer beschichteten Bratpfanne das Olivenöl erwärmen, Peperoni (Paprika), Basilikum und Knoblauch darin anziehen lassen, dann Cayennepfeffer, Salz, Zitronensaft und Salbei beifügen, dünsten, bis alles eingekocht ist. Den Honig, Pfeffer und die gekochten schwarzen Bohnen dazugeben, wenn nötig nachsalzen. Alles weitere 15 Minuten ziehen lassen. Zusammen mit getoastetem Brot servieren.

Kälte

Wirkung

Bewegt das Qi, zerstreut Kälte, tonisiert Milz und Nieren.

Varianten

• Bei Feuchte: Anstelle von Honig eine Fingerspitze Brennnesselteeblätter dazugeben.

• Bei Hitze: Mit weissen Bohnen zubereiten, den Basilikum durch 1 Hand voll Kresse ersetzen, nur 1 Knoblauchzehe verwenden, Cayennepfeffer weglassen, dafür 2 sehr fein geschnittene Radieschen beifügen, mit weissem Pfeffer abschmecken und Knäckebrot dazu reichen.

• Bei Trockenheit: Mit weissen Bohnen zubereiten, nur 1 Knoblauchzehe verwenden, Cayennepfeffer weglassen, dafür 2 Blätter Pfefferminze, zusätzlich wenig weissen Pfeffer und Radieschenwürfel beifügen, Knäckebrot dazu reichen.

Buchweizenpfannkuchen mit Lauchfüllung

Pfannkuchenteig:

H	70 g halb Dinkel-, halb Weizenmehl
F	70 g Buchweizenmehl (Reformhaus)
F	etwas Rosmarin, sehr fein geschnitten, oder Rosmarinpulver
E	150 ml Milch
M	etwas Ingwerpulver
M	1 Prise Kardamom
M	etwas Curry
W	150 ml Wasser
W	wenig Salz

E	Maiskeimöl zum Braten
M	2–3 Stangen Lauch, in feine Ringe geschnitten
M	1 Knoblauchzehe, fein gehackt
M	etwas Muskatnuss
M	etwas Pfeffer
W	Salz nach Geschmack
H/F	1 Bund Petersilie, sehr fein geschnitten
F	1 Prise Thymian
E	4 EL Baumnüsse, fein geschnitten, geröstet

Die Zutaten zum Teig in der angegebenen Reihenfolge mischen, nicht kneten. Mindestens 30 Minuten ruhen lassen.

In der Zwischenzeit die Füllung zubereiten: Wenig Öl erhitzen, den Lauch darin fast gar dünsten, mit der gehackten Knoblauchzehe, Muskatnuss, Pfeffer, Salz, Petersilie und Thymian würzen und fertig garen. Am Schluss die Baumnüsse darunter mischen und warm stellen.

Aus dem Teig dünne Pfannkuchen backen, mit der Lauchmischung füllen, aufrollen und warm servieren.

Wirkung

Stärkt die Milz, verringert gegenläufiges Qi, wirkt gegen kalte Hände und Füsse.

Varianten

• Bei Feuchte: Zubereitung wie beschrieben.

• Bei Hitze: Den Teig nur mit Weizenmehl, einer Prise Salbei, 300 ml Buttermilch und wenig Salz herstellen; als Gemüse eignen sich gedünstete Champignons und Broccoli, mit Pfeffer, Sojasauce und eventuell Salz abschmecken, die Walnüsse weglassen. Dazu Lindenblütentee trinken und einen frischen Blattsalat reichen.

• Bei Trockenheit: Den Teig nur mit Weizenmehl, einer Prise Salbei, 300 ml Buttermilch und wenig Salz herstellen; als Gemüse eignen sich gedünstete Champignons und Broccoli, mit Pfeffer, Sojasauce und eventuell Salz abschmecken, gemahlenen schwarzen Sesam dazugeben. Dazu einen frischen Blattsalat servieren.

Buchweizenpfannkuchen mit Lauchfüllung | 101

Kartoffel-Gemüse-Curry

E 2 EL Erdnussöl
E 500 g Kartoffeln, geschält, in grobe Stücke geschnitten
M 1 Zwiebel, fein gehackt
M 1 cm frischer Ingwer, fein geraspelt
M 2 TL Curry
M ¼ TL Gelbwurz (Kurkuma)
W Salz nach Bedarf
W ½ Glas kaltes Wasser
H 1 Spritzer Zitronensaft
F wenig Rosmarin
E 500 g Saisongemüse (z.B. Fenchel, Karotten, Kürbis), wie die Kartoffeln in Stücke geschnitten
E 4 EL Walnüsse, grob gehackt, ohne Fett geröstet

Das Erdnussöl im Wok oder in einer geeigneten Pfanne erwärmen. Kartoffeln, Zwiebel, Ingwer, Curry und Gelbwurz darin anbraten, dabei ständig gut bewegen. Mit dem Wasser ablöschen und nach Geschmack salzen, Zitronensaft und Rosmarin dazugeben, gut umrühren, das Gemüse beifügen und auf mittlerer Stufe etwa 30 Minuten (Garzeit je nach Art und Schnittgrösse des Gemüses) weich kochen.

Die Walnüsse darunter mischen oder separat dazu reichen.

Wirkung

Tonisiert das Qi von Milz/Bauchspeicheldrüse und Magen, unterstützt das Nieren-Yang, wärmt.

Varianten

• Bei Trockenheit: Alles dünsten, nicht braten, Zwiebel und Curry weglassen; als Gemüse eignen sich besonders Broccoli, Blumenkohl, Zucchini und Kohlrabi. Die Walnüsse nicht rösten, zusätzlich Sesam beifügen. Dazu grünen Salat servieren.

• Bei Hitze: Alles dünsten, nicht braten, Zwiebel und Curry weglassen, dafür in Scheiben geschnittene Radieschen beifügen, nach dem Wasser zwei Esslöffel Sojasauce dazugeben; als Gemüse eignen sich gut Zucchini, Sellerie und Broccoli. Die Walnüsse nicht rösten. Dazu grünen Salat servieren.

• Bei Feuchte: Den Zitronensaft durch Balsamicoessig ersetzen.

Überbackene Dinkelnudeln mit Kürbis

H   400 g Dinkelnudeln
H/F 1 Bund Petersilie, grob gehackt
E   600 g Kürbis (z.B. Hokkaido), in Würfel geschnitten

Guss:
E 350 ml Sojarahm (Reformhaus)
M etwas Zimt
M etwas Muskatnuss
M ½ TL Basilikum
W Salz nach Geschmack
W 100 ml Kürbiskochwasser
H 1 Zitrone, Saft
F 5 Salbeiblätter, fein geschnitten
F 1 Prise Gelbwurz (Kurkuma)
F 1 Zitrone, unbehandelt, abgeriebene Schale
F 200 g gut schmelzender Schafkäse, in Würfel geschnitten
E 2 EL Kastanienmehl

E 3–4 EL Kastanienmehl
E 100 ml Rahm

Die Dinkelnudeln bissfest kochen, abgiessen.

Den Kürbis über Dampf 8–10 Minuten fast weich garen, das Wasser beiseite stellen.

Die Dinkelnudeln mit der Petersilie und den Kürbiswürfeln mischen, in eine gefettete flache Gratinform füllen.

Die Zutaten zum Guss in der angegebenen Reihenfolge mischen, gut verrühren und über die Nudeln und den Kürbis giessen.

Die zweite Portion Kastanienmehl in einer Bratpfanne rösten, vorsichtig mit dem Rahm ablöschen und zuletzt über den Gratin verteilen.

Bei 200 Grad in der Mitte des Backofens 30 Minuten überbacken.

Überbackene Dinkelnudeln mit Kürbis

Wirkung

Die Mitte nährend, harmonisiert Milz/Bauchspeicheldrüse, Magen und Leber, unterstützt das Nieren-Yang.

Varianten

• Bei Feuchte: Chlorella-Dinkelnudeln (Reformhaus) verwenden, nur einen Spritzer Zitronensaft und etwas mehr Salbei dazugeben.

• Bei Hitze: Weizennudeln verwenden, Zimt und Muskatnuss weglassen, wenig Kastanienmehl verwenden. Dazu grünen Salat und leichten Schwarztee.

• Bei Trockenheit: Weizennudeln verwenden, Zimt und Muskatnuss weglassen, Kastanienmehl zurückhaltend verwenden, dafür grosszügig Rahm. Dazu grünen Salat und Pfefferminztee reichen.

Lammfleischröllchen

Füllung:
E	wenig Kochbutter
E	1/4 Fenchel, sehr fein geschnitten
E	1/2 Karotte, sehr fein geschnitten
M	1 Zwiebel, sehr fein geschnitten
M	ca. 10 Kapern
W	wenig Salz
H/F	1 Bund Petersilie, sehr fein gehackt

E	wenig Maiskeimöl
M	Pfeffer nach Bedarf
W	Salz nach Geschmack
H	1 Spritzer Zitronensaft
F	1 Prise Rosmarinpulver
F	4 Lammschnitzel, dünn geklopft
E	wenig Kochbutter
M	Pfeffer
W	100 ml Gemüsebouillon
H	1 EL Tomatenpüree
F	100 ml Rotwein

In einer beschichteten Bratpfanne Butter schmelzen, Fenchel, Karotte, Zwiebel, Kapern, wenig Salz und die Petersilie darin weich dünsten, auskühlen lassen.

Etwas Maiskeimöl mit Pfeffer, Salz, Zitronensaft und Rosmarinpulver mischen und die Lammschnitzel damit würzen. Die Füllung auf die Lammschnitzel verteilen, satt aufrollen und mit einem Zahnstocher fixieren.

Eine beschichtete Bratpfanne erhitzen, die Fleischröllchen darin auf allen Seiten anbraten, dann wenig Kochbutter und Pfeffer beigeben, mit der Gemüsebouillon ablöschen, das Tomatenpüree und den Rotwein dazurühren. Die Fleischröllchen zugedeckt auf kleiner Hitze weich kochen (ca. 45 Minuten), dabei die Röllchen immer wieder mit der Sauce beträufeln, eventuell noch Rotwein nachgiessen.

Wirkung

Stärkt Milz/Bauchspeicheldrüse und das Nieren-Yang, wärmt.

Varianten

• Bei Feuchte: Zubereitung wie beschrieben.

• Bei Hitze: Dieses Gericht nur ausnahmsweise essen: Kalbfleisch verwenden, Rotwein weglassen, dafür vor der Gemüsebouillon 100 ml trockenen Weisswein und 1/2 TL Krauseminze beifügen. Zusammen mit einem Blattsalat und Langkornreis servieren.

• Bei Trockenheit: Dieses Gericht nur ausnahmsweise essen: Rindsschnitzelchen verwenden, Rotwein weglassen, dafür mehr Gemüsebouillon und 2 EL Sojasauce dazugeben. Zusammen mit einem Blattsalat und Langkornreis servieren.

104 | Kälte

Lammfleischröllchen

Kartoffeln mit Erbsen und Erdnüssen

E   Wenig Butter
E   500 g Kartoffeln, geschält, in Würfel geschnitten, mit Haushaltpapier trockengetupft
E   50 g Erdnüsse, grob gehackt
M   1 Zwiebel, in feine Ringe geschnitten
M   1 TL Kreuzkümmel, zerstossen
M   1 TL Basilikum, getrocknet oder frisch, in grobe Streifen geschnitten
M   1 Prise Gelbwurz (Kurkuma)
M   Pfeffer nach Bedarf
W   200 g Erbsen, gekocht oder Konserve
W   Salz nach Bedarf
H   ½ Bund Petersilie, fein geschnitten

Die Butter zergehen lassen, die Kartoffeln darin gut goldbraun braten, dann die Temperatur reduzieren und die Kartoffeln zugedeckt (je nach der Grösse) etwa 20 Minuten knapp bissfest kochen.

Die Erdnüsse, dann die Zwiebelringe, Kreuzkümmel, Basilikum, Gelbwurz, Pfeffer und die Erbsen beifügen und alles zusammen etwa 7 Minuten dünsten. Mit Salz abschmecken, anrichten und zuletzt mit der Petersilie bestreuen.

Wirkung

Stärkt Milz/Bauchspeicheldrüse, tonisiert das Magen-, Nieren- und Lungen-Qi.

Varianten

• Bei Feuchte: Zubereitung wie beschrieben.
• Bei Hitze: Die Kartoffeln über Dampf weich garen, dann nur noch in der zerlassenen Butter wenden, nicht braten; die Zwiebelringe weglassen, durch Radieschenscheiben ersetzen, die übrigen Zutaten in der Reihenfolge beigeben, Petersilie durch Kerbel ersetzen. Dazu passt grüner Salat.
• Bei Trockenheit: Die Kartoffeln über Dampf weich garen, dann nur noch in der zerlassenen Butter wenden, nicht anbraten; die Zwiebelringe weglassen, dafür eine fein gewürfelte rote Peperoni (Paprika)

dazugeben, die übrigen Zutaten in der angegebenen Reihenfolge beigeben, Petersilie durch Kerbel ersetzen und am Schluss das Gericht mit gemahlenem Sesam bestreuen. Dazu passt ein grüner Salat.

Ananas aus dem Ofen mit Zimtrahm

E   1 EL Butter
E   8 Ananasscheiben
M   4 EL Sake (Reiswein)
E   100 g Mandelsplitter
E   2 EL Agavendicksaft, ersatzweise Akazienhonig
M   1 Scheibe frischer Ingwer, durch die Knoblauchpresse gedrückt, Saft davon
M   1 Hauch Kardamom

E   200 ml Rahm
E   2 TL Vanillezucker
E   1 Messerspitze Bourbon-Vanillepulver
M   ½ TL Zimt

Eine flache Auflaufform mit Butter ausstreichen, die Ananasscheiben nebeneinander in die Form legen und mit Sake beträufeln.

Die restliche Butter schmelzen, mit den Mandelsplittern, dem Agavendicksaft, Ingwersaft und Kardamom verrühren. Die Ananasscheiben mit der Mandelmasse belegen.

Bei 180 Grad im Backofen etwa 15 Minuten backen, bis die Mandeln goldbraun werden.

In der Zwischenzeit den Rahm steif schlagen, mit Vanillezucker, Vanillepulver und Zimt mischen und zu den gebackenen Ananas reichen.

Wirkung

Unterstützt die Verdauung, wärmt und tonisiert Magen und Milz/Bauchspeicheldrüse.

Varianten

• Bei Feuchte: Die Mandeln durch gehackte Haselnüsse ersetzen, nur 1 EL Agavendicksaft verwenden, den Rahm weglassen.

- Bei Hitze: Den Zimt im Schlagrahm weglassen. Pfefferminztee dazu trinken.
- Bei Trockenheit: Den Zimt im Schlagrahm weglassen.

Apfelschnitze mit würziger Sauce

H	150 ml Weisswein
F	1 Prise Rosmarin
E	¼ l Apfelsaft
E	2 EL Vollrohrzucker
E	4 süsse Äpfel (z.B. Cox Orange), geschält, entkernt, in Schnitze geschnitten
M	1 Zimtstange
M	1 Kardamomschote oder 2 Prisen Kardamompulver
M	1 Sternanis, leicht zerstossen
M	1 Gewürznelke
M	1 dünne Scheibe frischer Ingwer
E	150 ml Rahm, geschlagen

Weisswein, Rosmarin, Apfelsaft und Vollrohrzucker in einen Topf geben, nach jeder Zutat immer wieder gut umrühren, die vorbereiteten Apfelschnitze beifügen, dann Zimtstange, Kardamom, Sternanis, Gewürznelke und Ingwer dazugeben. Aufkochen und die Apfelschnitze weich kochen. Herausnehmen und in Schälchen verteilen.

Die Kochflüssigkeit auf 200 ml einkochen, durch ein Sieb giessen und erkalten lassen. Die Sauce über die Apfelschnitze verteilen und mit Schlagrahm garnieren.

Wirkung
Tonisiert Yang und Qi, bewahrt die Substanz.

Varianten
- Bei Feuchte: Den Vollrohrzucker und den Schlagrahm weglassen, Holunderblütentee dazu trinken.
- Bei Hitze: Statt Äpfeln und Apfelsaft Birnen und Birnensaft verwenden.

Zimt, Kardamom, Sternanis, Gewürznelke und Ingwer weglassen.
- Bei Trockenheit: Zimt, Kardamom, Sternanis, Gewürznelke und Ingwer weglassen, dafür etwas Pfefferminze in den Sud geben; den Schlagrahm mit Vanillezucker süssen.

Feigenpüree

E	10–15 getrocknete Feigen, je nach Grösse
E	1 EL Sultaninen
M	1 dünne Scheibe Ingwer
W	¼ l kaltes Wasser
M	1 Zimtstange
M	1 Prise Kardamom
W	1 Prise Salz
H	½ Zitrone, Saft
F	½ Zitrone, unbehandelt, abgeriebene Schale
E	1 EL Akazienhonig nach Bedarf
E	kandierte Ananasschnitze

Die Feigen in eine Schüssel legen, Sultaninen und Ingwer beifügen, mit dem Wasser übergiessen und alles 6 Stunden oder über Nacht einweichen lassen.

Die Feigen und Sultaninen im Einweichwasser zum Kochen bringen, dann 10 Minuten leise köcheln lassen. Zimt, Kardamom, Salz, Zitronensaft und abgeriebene Zitronenschale dazugeben und weich kochen. Die Zimtstange entfernen, den Rest im Mixer pürieren und erkalten lassen. Falls nötig mit Akazienhonig nachsüssen.

Aus dem Püree mit einem Löffel Kugeln oder Nocken formen und auf Tellern anrichten, mit kandierten Ananasschnitzen ausgarnieren.

Wirkung
Stärkt und harmonisiert Milz/Bauchspeicheldrüse und Magen, befeuchtet den Dickdarm, wärmt den Unteren Erwärmer, unterstützt die Verdauung.

Varianten

• Bei Feuchte: Nicht nachsüssen, mit frischer Ananas garnieren.

• Bei Hitze: Den Ingwer beim Einweichen weglassen, dafür wenig Pfefferminze dazugeben, beim Kochen den Zimt weglassen; anstelle von kandierten Ananasschnitzen mit frischen Orangenschnitzen garnieren.

• Bei Trockenheit: Den Ingwer beim Einweichen weglassen, dafür wenig Pfefferminze dazugeben, beim Kochen den Zimt weglassen; anstelle von kandierten Ananasschnitzen mit frischen Orangenschnitzen garnieren.

Brombeersuppe

E   50 ml Schwarzer Johannisbeersaft (Cassissaft) oder Cassis- bzw. Brombeerlikör
E   3 EL Vollrohrzucker oder nach Geschmack
M   ¼ Zimtstange
M   1 Gewürznelke
W   1 Spritzer kaltes Wasser
H   1 Orange, unbehandelt, 2 EL Saft und
F   ½ Orange, abgeriebene Schale
F   100 ml roter Porto oder schwerer Rotwein
E   500 g vollreife Brombeeren, verlesen, sanft gewaschen

E   Rahm für die Garnitur

In einem Topf die Zutaten in der angegebenen Reihenfolge mischen, am Schluss die Brombeeren beifügen, aufkochen und bei niedriger Temperatur 5 Minuten köcheln lassen.

Die Brombeeren mit einem Schaumlöffel aus dem Sud heben und auf Dessertteller verteilen.

Die Flüssigkeit bei grosser Hitze sirupartig einkochen lassen, Zimtstange und Nelke entfernen und die Sauce über die Beeren verteilen. Mit Schlagrahm hübsch ausgarnieren und lauwarm oder kalt servieren.

Wirkung

Tonisiert Qi und Blut, stärkt die Leber und die Nieren, wärmt die Verdauungsorgane.

Tipp

Kann auch mit anderen Früchten zubereitet werden, z.B. mit entsteinten Kirschen oder Pflaumen.

Varianten

• Bei Feuchte: Nach der Gewürznelke noch zusätzlich Korianderkörner beigeben, ohne Rahm servieren.

• Bei Hitze: Zimt und Nelke durch ein Zweiglein Pfefferminze ersetzen, mehr Orangensaft und weniger Porto verwenden; kann auch gut mit Birnen hergestellt werden. Ausgekühlt servieren und leichten Schwarztee oder Grüntee dazu trinken.

• Bei Trockenheit: Zimtstange und Gewürznelke weglassen, dafür ein Zweiglein Pfefferminze mitkochen. Ausgekühlt, mit reichlich Rahm dekoriert servieren, dazu Früchtetee trinken.

Feigenpüree | 109

Zwischenmahlzeiten

Dinkel-Crunchy

H   100 g Dinkelflocken
F   1 Prise Kakao
E   3 EL Sonnenblumenkerne
E   2 EL gehackte Baumnüsse oder Mandeln
E   2 EL geriebene Haselnüsse
E   3 EL Agavendicksaft

Die Dinkelflocken in einer beschichteten Bratpfanne trocken rösten, den Kakao beifügen, anschliessend die Sonnenblumenkerne sowie die Baumnüsse oder Mandeln hinzugeben und mitrösten, dann die Haselnüsse einstreuen, immer gut bewegen. Am Schluss alles mit dem Agavendicksaft vermischen und auf einer Platte auskühlen lassen.

Tipp

Kann auf Vorrat zubereitet werden. Verschlossen aufbewahren. Löffelweise oder stückweise davon essen, gut kauen.

Wirkung

Regt das Yang der Nieren an, stärkt Milz und Leber, entspannt.

Varianten

• Bei Feuchte: Kastanien und Haferflocken mischen, rösten, zum Süssen wenig Steviatropfen dazugeben und nochmals 10 Minuten vorsichtig trocken rösten, auskühlen lassen.
• Bei Hitze: Gerstenflocken verwenden, nicht rösten, sondern nur erwärmen, Baumnüsse durch geriebenen Sesam ersetzen.
• Bei Trockenheit: Weizenflocken verwenden, nicht rösten, sondern nur erwärmen, Baumnüsse durch gemahlenen Sesam ersetzen.

Dörrfrüchte mit gerösteten Nüssen

E   Verschiedene Dörrfrüchte wie Zwetschgen, Kirschen, Sultaninen, Datteln, Feigen
E   verschiedene Nüsse wie Pinienkerne, Baumnüsse (Walnüsse), Sonnenblumenkerne, Haselnüsse

In einer beschichteten Bratpfanne die Nüsse rösten. Auskühlen lassen und mit den Dörrfrüchten mischen. Gut verschlossen aufbewahren.

Tipp

Schmeckt ausgezeichnet und ist ideal für den kleinen Hunger zwischendurch.

Wirkung

Nährt, harmonisiert, regt das Yang der Nieren an, wärmt.

Varianten

• Bei Feuchte: Nicht zu viel davon essen. Nur wenig Nüsse verwenden, Dörrfrüchte wie Ananas, Äpfel und Papaya bevorzugen.
• Bei Hitze: Die Nüsse nicht rösten; Sesam, Sonnenblumenkerne, Cashewnüsse, Kürbiskerne bevorzugen, bei den Dörrfrüchten eignen sich ungeschwefelte Aprikosen, Birnen, Kiwis.
• Bei Trockenheit: Die Nüsse nicht rösten; Mandeln, Pistazien, Sesam, Erdnüsse, Kürbiskerne bevorzugen, bei den Dörrfrüchten ungeschwefelte Aprikosen, Sultaninen, Äpfel, Mangos.

Dinkel-Crunchy | 111

Ausgewogene Ernährung

Eine ausgewogene Ernährung ist abwechslungsreich mit vielen der Jahreszeit entsprechenden frischen, aromatischen Zutaten. Vorherrschend ist der natürlich süsse Geschmack von Getreide, Gemüse, Früchten, Nüssen, Samen, Kernen sowie Fleisch und Fisch von guter Qualität.

Durch die weit verbreiteten Geschmacksverstärker und Aromastoffe sind wir an auffällig und kräftig gewürzte Speisen gewöhnt, und das durch Stabilisatoren und Emulgatoren hervorgerufene einschmeichelnd «samtige» (man könnte auch sagen «pappige») Gefühl im Mund ist uns vertraut und angenehm. Nach dem Essen fühlen wir uns erst dann richtig satt, wenn wir die wohlige Wirkung einer schweren Verdauung (Fett, Zucker) verspüren.

Es bedeutet tatsächlich eine Umstellung, nach dem Essen «Leichtigkeit» zu verspüren. Auch unsere Geschmacksknospen müssen die subtilen Aromen von Kräutern, feinen Gewürzen und dem unverfälschten Eigengeschmack der Nahrungsmittel neu entdecken, und allmählich lernen wir wieder die Feinheiten der Gerichte zu schätzen.

Wichtig ist, Einseitigkeit zu vermeiden. Was heisst das? Wird als Eiweissquelle beispielsweise der thermisch kalte Tofu gegessen, muss er richtig gewürzt werden, damit es nicht zu einem Ungleichgewicht im Feuchtigkeitshaushalt kommt (wie Milz-Qi-Schwäche, Mittlerer Erwärmer, siehe dazu Seite 10 f.). Zeichen eines solchen Ungleichgewichts sind etwa ein breiiger Stuhlgang oder Blähungen nach dem Essen, schnelle Ermüdung, vermehrtes Kältegefühl (kalte Hände und Füsse) durch eine Schwäche des Nieren-Yangs. Zum Würzen von Tofu eignen sich zum Beispiel Salbei, Ysop, Thymian, Kardamom, Basilikum, Rosmarin, Knoblauch; die empfohlene Kochmethode ist braten, auch geräucherter Tofu eignet sich gut. Auch andere Eiweisslieferanten sind zu berücksichtigen wie Vollgetreide, Hülsenfrüchte, Samen, Nüsse, Sprossen, Fisch und Fleisch oder Algen wie Chlorella oder Spirulina.

Die Mahlzeiten sollten so zusammengestellt sein, dass sie gesamthaft in Bezug auf die Temperatur neutral sind. Zu etwas Gegrilltem passt ein knackiger grüner Salat, weil er kühlend wirkt. Apfelkompott würzt man mit etwas Zimt, weil er wärmend wirkt. Im Sommer kochen wir eher erfrischender, servieren aber keine eisgekühlten Getränke. In heissen Ländern wird warmer und heisser Tee getrunken. Dadurch wird die Thermik im Körperinnern geschützt. Wenn uns zu warm wird, ist es sinnvoller, einen lauwarmen Pfefferminztee zu trinken (kühlt), als ein kaltes Bier hinunterzustürzen. An kalten Tagen wählen wir erwärmende Speisen und ergänzen sie mit passenden Gewürzen wie Ingwer, Nelke, Lorbeer, Curry. Oder wir wenden Yang-betontere Kochmethoden an wie braten, backen, lange kochen (schmoren). Die passenden Getränke sind dann Jasminblütentee, Fencheltee, lauwarmes Wasser oder andere wärmende Teesorten.

Beim Einkaufen ist unser Qualitätsbewusstsein der beste Wegweiser. Ein Bummel über den Markt mit seinen Farben, Gerüchen und dem vielfältigen Angebot regt an, gibt neue Kochideen und weckt die Vorfreude auf ein feines Essen.

Je vielfältiger die in einer Mahlzeit vereinten Geschmäcker sind, um so weniger greifen wir danach zu Naschereien. Heisshunger, besonders wenn er einseitig auf ganz bestimmte Produkte ausgerichtet ist, entspricht nicht einem tatsächlichen Bedarf, sondern weist auf eine Unausgewogenheit hin. Es lohnt sich, genauer hinzusehen und den Zusammenhang zu hinterfragen. Ein grosses Verlangen nach einem bestimmten Geschmack bedeutet meist einen Mangel in diesem Element. Bei einem Füllezustand in einem Element lehnen wir dessen Geschmack ab und vermeiden die entsprechenden Lebensmittel. Gelüste auf Süsses haben ihren Ursprung oft in einer Überdosierung von Kochsalz.

Die Leitlinie für die Lebensmittelzuteilung (Seite 138 ff.) und die kleine Warenkunde (Seite 133 ff.) erleichtern Ihnen die Zusammenstellung des Menüs. Versuchen Sie immer wieder eigene Kombinationen und binden Sie ihre Erfahrungen mit ein.

Ausgewogene Ernährung

Frühstücksvorschläge

Für 1 Person

Knuspriger Reis

E   Wenig Butter
E   1 EL Mandeln oder Pinienkerne, fein gehackt
E   1 EL getrocknete Aprikosen, klein geschnitten
E   1 EL Datteln, entsteint, klein geschnitten
E   1 TL Agavendicksaft oder weniger
M   1 Blatt Pfefferminze, fein geschnitten,
      oder im Winter 1 Prise Zimt
W   3–4 EL vorgekochter Reis oder nach Appetit
      (1 Tasse Langkornreis mit 2 Tassen Wasser weich
      gekocht)
W   1 Prise Salz nach Bedarf

In einer beschichteten Bratpfanne wenig Butter
zergehen lassen, die Mandeln oder Pinienkerne darin
leicht rösten, Aprikosen und Datteln beifügen,
dann den Agavendicksaft und das Pfefferminzeblatt,
mischen. Den Reis dazugeben, mit wenig Salz abschmecken und alles 4–5 Minuten braten.

Mais mit Früchten

F   100 ml heisses Wasser
E   2 1/2 EL feiner Maisgriess oder Hirsegriess
E   1 TL Haselnüsse, grob gehackt
E   1 Prise Kardamom
W   1 Prise Salz
H   1 Spritzer Zitronensaft
F   1 Prise Kakao
E   1 süsse Birne oder andere süsse Früchte,
      in Schnitze geschnitten
E   Honig oder Ahornsirup nach Bedarf

Das Wasser aufkochen, den Mais oder die Hirse
einrieseln lassen, dann in der angegebenen Reihenfolge Haselnüsse, Kardamom, Salz, Zitronensaft
und Kakao beifügen, aufkochen. Die Birnenschnitze
oder andere Früchte darauf legen, zudecken, beiseite
stellen und etwa 10 Minuten nachquellen lassen.

Die Früchte können separat serviert werden. Den Brei
mit Ahornsirup oder Honig abschmecken.

Tipps

Dazu kann getoastetes Brot oder Knäckebrot
gereicht werden. Als Aufstrich eignet sich Quark
mit frischen Kräutern (Petersilie, Thymian, Basilikum,
Pfefferminze usw.) oder Quark mit feinen Gemüse-
würfeln (Karotten, Radieschen, Gurke, Sellerie usw.).

Wirkung

Bekömmlich, gut verdaulich, harmonisierend,
erhöht die Konzentration. Vermittelt einen angeneh-
men Start in den Tag.

Gemüsebouillon

W   2 l kaltes Wasser
H   1 Spritzer Essig oder Weisswein
H/F   1/2 Bund Petersilie mit Stengeln
F   2 Zweige Thymian
F   2 Zweige Rosmarin
F/E   3 Sellerieblätter
E   3 Karotten, geschält, halbiert
E   1/2 Knollensellerie, geschält, in Stücke
        geschnitten
M   3 Zwiebeln, halbiert
M   2 Lorbeerblätter
M   1 Stange Lauch, in grobe Stücke geschnitten,
        oder nur Lauchgrün
W   1–2 TL Meersalz oder nach Bedarf

Das Wasser in einen grossen Topf giessen, der angegebenen Reihenfolge nach alle weiteren Zutaten
dazugeben, nach jedem Element ein paar Mal
umrühren, alles mindestens 1 Stunde unbedeckt
köcheln lassen.

Die Gemüse und Kräuter mit einem Schaumlöffel herausheben. Die Gemüsebouillon kann sofort
verwendet werden, hält sich aber auch einige im
Kühlschrank.

114   Ausgewogene Ernährung

Knuspriger Reis

Tipp

Eine aromatische selbst gemachte Bouillon, einfach so zu geniessen oder anstelle von fertiger Bouillon zu verwenden. Geeignet für Reis, Suppen usw.

Topinambursuppe

E 1 EL Butter
E 500 g Topinambur, gerüstet, in grobe Stücke geschnitten
E 1 Karotte, geschält, in Stücke geschnitten
M 1 Stange Lauch, in Ringe geschnitten
M 1 Zwiebel, fein geschnitten
E 1 Prise Kardamom
W 800 ml Gemüsebouillon
W Salz nach Bedarf
H 1 Spritzer Zitronensaft
F 2 EL Kerbel, gehackt

F ½ Bund Petersilie, fein geschnitten
E 2 EL Mandelblättchen, ohne Fett geröstet

Die Butter schmelzen, Topinambur und Karotte beigeben, umrühren, Lauch und Zwiebel dazugeben und mitdünsten. Dann den Kardamom darüber streuen, mit der Gemüsebouillon ablöschen, wenn nötig salzen, Zitronensaft und Kerbel hinzufügen und alles in knapp 40 Minuten weich kochen, pürieren.

Die Suppe nochmals aufkochen, anrichten und mit Petersilie und gerösteten Mandelblättchen garnieren.

Wirkung

Topinambur ist ein typisches Wintergemüse. Stärkt Milz/Bauchspeicheldrüse und das Lungen-Qi, wärmt die Mitte, wirkt diuretisch.

Lauwarmer Artischocken-Tomaten-Salat

F 700 g kleine Artischocken
E 3 EL Olivenöl
M 1 Frühlingszwiebel, mit dem Grün in Ringe geschnitten
W ¼ TL Salz
G 2 Fleischtomaten, enthäutet, in Schnitze geschnitten, diese halbiert

Sauce:
E 4 EL Olivenöl
E einige schwarze Oliven, entsteint, geviertelt
M 1 roter Peperoncino, halbiert, entkernt, in feine Ringe geschnitten
W ¼ TL Salz
H 4 EL Zitronensaft
F 1 unbehandelte Zitrone, fein abgeriebene Schale

F einige Blätter Cicorino verde für die Garnitur

Von den Artischocken die äusseren trockenen Blätter (ca. 3 Runden) entfernen, die Spitze (oberes Drittel) wegschneiden, den Stielansatz frisch anschneiden. Die Artischocken längs halbieren, die Schnittflächen mit Olivenöl beträufeln.

In einer beschichteten Bratpfanne das Olivenöl erwärmen, die Artischocken beigeben, unter Wenden bei mittlerer Hitze etwa 12 Minuten garen.

In der Zwischenzeit die Zutaten zur Sauce in der angegebenen Reihenfolge gut verrühren.

Wenn die Artischocken gar sind, die Frühlingszwiebel beifügen, 1 Minute mitziehen lassen, salzen und die Tomaten dazugeben. Dann die Sauce sorgfältig untermischen, die Herdplatte ausschalten und alles weitere 5 Minuten ziehen lassen.

Die Cicorinoblätter auf Tellern auslegen, den lauwarmen Salat darauf verteilen.

Wirkung

Stärkt das Milz-Qi, tonisiert den Magen, bewegt das Leber-Qi, beruhigt die Leber, fördert den Gallenfluss.

Gemischter Blattsalat mit überbackenem Schafkäse

F Kopfsalat, mundgerecht zerteilt
F Friséesalat, grob geschnitten
F roter Chicorée, zerkleinert

Sauce:
E 4 EL Sonnenblumenöl
E 1 Messerspitze Honig
M 1 Knoblauchzehe, Keimling entfernt, fein gehackt
M Pfeffer nach Geschmack
W Salz nach Bedarf
H 1 EL Zitronensaft
H/F 3 EL Balsamicoessig

F 300 g Schafweichkäse (Camembert), in 2 cm dicke Scheiben geschnitten
E 10 Oliven, entsteint, halbiert
M 1 rote Zwiebel, in feine Ringe geschnitten

Die Blattsalate auf Tellern anrichten.

Die Saucenzutaten in der angegebenen Reihenfolge verrühren, die Sauce über den Salat verteilen.

Die Schafkäsescheiben auf einem Backblech oder in einer Gratinform im vorgeheizten Backofen bei starker Oberhitze etwa 3 Minuten gratinieren, bis der Käse am Rande leicht schmilzt, dekorativ zum Salat anrichten, Oliven und Zwiebelringe darüber verteilen.

Tipp

Anstelle von Schafcamembert kann auch Ziegencamembert verwendet werden.

Wirkung

Tonisiert das Blut, stärkt das Qi von Milz/Bauchspeicheldrüse, beruhigt den Geist.

Erfrischender Linsensalat

W 150 g grüne (Puy) oder braune Linsen, gewaschen und verlesen
W 400 ml kaltes Wasser
W Salz nach Bedarf

E 50 ml Ananassaft
E 4 Scheiben Ananas, in kleine Würfel geschnitten
M einige Blätter Krauseminze, grob geschnitten
W gekochte Linsen
H/F ½ Bund Petersilie, gezupfte Blätter
F 1 Rosmarinzweig, Nadeln fein geschnitten
F 3 Blätter Salbei, klein geschnitten
E 1 rote Peperoni (Paprika), geschält, entkernt, in Stücke geschnitten
E 2 EL Olivenöl

Die Linsen in einen Topf geben, mit dem kalten Wasser übergiessen, aufkochen und 20–30 Minuten auf kleinem Feuer köcheln lassen, salzen und auf der ausgeschalteten Herdplatte nachquellen lassen.

Den Ananassaft in eine Schüssel giessen, die Ananaswürfel dazugeben, die Krauseminze und die lauwarmen Linsen darunter mengen. Petersilie, Rosmarin, Salbei, Peperoni und Olivenöl der Reihe nach beifügen. Den Salat 15 Minuten ziehen lassen und auf grünen Salatblättern schön anrichten.

Tipp

Dazu passen gut Kartoffeln (Sesamkartoffeln).

Wirkung

Unterstützt die Verdauung, nährt das Blut, stärkt Herz-, Nieren- und Leber-Qi, senkt Hitze, beruhigt den Geist.

Auberginensalat

E   2 Auberginen
E   150 g Mozzarella, in Würfel geschnitten
M   einige Blätter Basilikum, in breite Streifen geschnitten oder ganz
W   1 Prise Salz
H   150 g Cherrytomaten, je nach Grösse halbiert oder geviertelt

Sauce:
E   4 EL Olivenöl
M   ½ Bund Schnittlauch, in feine Röllchen geschnitten
M   2 frische Blättchen oder 1 Prise getrocknete Krauseminze
W   2 EL Sojasauce
W   Salz nach Bedarf
H/F   3 EL Balsamicoessig
F   etwas Rosmarinpulver

Die Auberginen längs halbieren, die Schnittflächen mit Salz bestreuen, 15 Minuten ziehen lassen, dann trockentupfen und in grobe Würfel schneiden. Die Auberginen über Dampf weich kochen. Auskühlen lassen, dann mit Mozzarella, Basilikum, Salz und den halbierten Cherrytomaten mischen.

Für die Sauce alle Zutaten in der angegebenen Reihenfolge mischen, zwischen den Elementen jeweils gut umrühren. Die Sauce über den Salat giessen und untermischen.

Wirkung

Tonisiert den Mittleren Erwärmer, Qi und Blut, harmonisiert die Leber, befeuchtet Magen, Dünn- und Dickdarm.

Marinierte Kürbis- oder Karottenwürfel

E   700 g Kürbis (z.B. Hokkaido) oder Karotten, geschält, in grobe Würfel geschnitten

Sauce:
M   1 EL Senf mit Meerrettich oder normaler Senf und Meerrettich separat
M   ½ TL milder Curry
M   1 Prise Koriander
M   1 Prise Ingwer
W   1 EL Sojasauce
W   Salz nach Bedarf
H/F   2 EL Balsamicoessig
F   1 Prise Rosmarinpulver
E   3 EL Apfelsaft
E   2 EL Olivenöl
E   2 EL Sonnenblumenöl
E   2 EL Baumnüsse, fein gehackt
E   1 süsser Apfel, sehr fein gerieben

E   Kokosraspel und/oder
M   Kresse zum Garnieren

Den Kürbis oder die Karotten über Dampf weich kochen (15–20 Minuten), dann in eine Schüssel geben.

Die Saucenzutaten in der angegebenen Reihenfolge gut verrühren und mit dem lauwarmen Kürbis oder den Karotten vermischen, mindestens 30 Minuten ziehen lassen.

Mit Kokosraspeln und/oder Kresse hübsch garnieren.

Tipp

Mariniertes Gemüse eignet sich als Vorspeise oder zusammen mit getoastetem Brot oder gedämpften Kartoffeln ausgezeichnet als leichtes Abendessen.

Wirkung

Nährt die Mitte, tonisiert Milz/Bauchspeicheldrüse, Qi und Blut, stärkt die Nieren.

Auberginensalat

Lauwarmes Kartoffelcarpaccio

E   700 g Kartoffeln (z.B. Charlotte), geschält, längs in dünne Scheiben geschnitten

Dressing:
M   1 kleine Zwiebel, fein gehackt
M   3–4 Blätter Basilikum, fein geschnitten
M   1 Bund Radieschen, fein geschnitten
W   Salz nach Bedarf
H   1 Fleischtomate, enthäutet, entkernt, sehr fein gewürfelt
H   50 ml milder Apfelessig, leicht erwärmt
H/F 1 Bund Petersilie, fein geschnitten
F   1 Zweiglein Rosmarin, Nadeln fein gehackt
E   1 Teelöffelspitze Akazienhonig
E   4–6 EL Olivenöl

Die Kartoffelscheiben über Dampf weich kochen, sorgfältig ziegelförmig auf Tellern anrichten.

Die Zutaten zum Dressing in der angegebenen Reihenfolge gut verrühren und über die warmen Kartoffeln verteilen, zugedeckt 10 Minuten marinieren und noch lauwarm servieren.

Wirkung

Tonisiert das Qi von Magen und Milz/Bauchspeicheldrüse, nährt alle Yin-Organe.

Dinkelteigwaren mit Pesto

H   240 g Dinkelteigwaren mit Chlorella (Reformhaus)

Pesto:
E   1 EL Pinienkerne
E   1 EL Sonnenblumenkerne
M   3 Knoblauchzehen, halbiert, Keimling entfernt
M   3 Hand voll frische Basilikumblätter
W   1 TL Meersalz
H   5 getrocknete Tomaten (oder 3 frische, gehäutet), fein gewürfelt
F   1 kleines Zweiglein Rosmarin
E   100 ml Olivenöl
M   1 Prise Cayennepfeffer
W   1 EL Sojasauce

Die Teigwaren in genügend Wasser bissfest kochen, abgiessen und notfalls warm halten.

Inzwischen für den Pesto Pinienkerne, Sonnenblumenkerne, Knoblauchzehen, Basilikum, Salz, Tomatenwürfelchen, Rosmarin und die Hälfte des Olivenöls gut vermixen. Das restliche Olivenöl nur unterrühren. Den Pesto mit Cayennepfeffer und Sojasauce abschmecken und auf die warmen Teigwaren verteilen.

Wirkung

Chlorella-Algen unterstützen den Körper bei der Ausscheidung toxischer Substanzen.

Wirkt reinigend, stärkt die Leber, tonisiert das Nieren-Yang, die Milz und das Qi.

Lauwarmes Kartoffelcarpaccio

Bratlinge mit Sonnenblumenkernen

E   1 Tasse Sonnenblumenkerne, mittelfein
    gemahlen
E   ½ Tasse Knollensellerie, fein gerieben
E   ½ Tasse Karotten, geschält, fein gerieben
E   ½ grüne Peperoni (Paprika), fein gerieben
E   ½ rote Peperoni (Paprika), fein gerieben
M   ½ Zwiebel, fein gerieben
M   einige Basilikumblätter, sehr fein geschnitten
W   Salz nach Bedarf
H   1 kleiner Spritzer Zitronensaft
H/F 1 Bund Petersilie, sehr fein geschnitten
F/H 1 EL Buchweizenmehl, ersatzweise Dinkelmehl

Die Zutaten in der angegebenen Reihenfolge mischen. Mit Hilfe eines Löffels Portionen abstechen, auf einem Backblech Häufchen bilden und diese flach drücken.

In der Mitte des vorgeheizten Backofens bei 200 Grad 15–20 Minuten backen. Zusammen mit gedämpftem Gemüse oder Salat servieren.

Wirkung

Tonisiert Milz/Bauchspeicheldrüse, nährt das Leberblut, senkt das Magen-Qi ab.

Fenchelgemüse aus dem Ofen

E   4 Fenchelknollen, gerüstet, halbiert
E   Butter für die Auflaufform

E   50 g Kastanienmehl
E   100 g Tofu, in kleine Würfel geschnitten
E   100 ml Rahm
M   ½ TL milder Curry
M   wenig Dill
W   Salz nach Bedarf
H   1 Spritzer Zitronensaft
H/F 1 Bund Petersilie, fein geschnitten

Den Fenchel über Dampf knackig garen. Den Dämpfsud nicht weggiessen.

Eine Auflaufform mit Butter ausstreichen.

Das Kastanienmehl in eine Schüssel geben, die Tofuwürfel durch die Knoblauchpresse hinzufügen, den Rahm dazugiessen und mit einer Gabel unterrühren, bis sich Klümpchen bilden. Mit Curry, Dill Salz, Zitronensaft und der Hälfte der Petersilie abschmecken.

Das Fenchelgemüse in die vorbereitete Form einschichten und mit der Kastanienmehlmischung belegen, mit wenig Kochflüssigkeit begiessen.

Im vorgeheizten Backofen bei 200 Grad 15–20 Minuten überbacken.

Mit dem Rest der Petersilie bestreuen und servieren.

Tipp

Ergibt mit Kartoffeln zusammen eine komplette Mahlzeit.

Wirkung

Tonisiert den Mittleren Erwärmer, stärkt das Nieren-Yang, beruhigt den Magen.

Bratlinge mit Sonnenblumenkernen

Schalenkartoffeln mit Saucen

E 1 kg Kartoffeln, gut gewaschen

Sauce 1:
M 2 EL Senf
M 1 EL Cognac
W 2 Messerspitzen Salz
H 1½ Becher (270 g) Sauerrahm
H 1 saurer Apfel, fein gerieben
H/F 2 EL Balsamicoessig
F 1 Prise Rosmarin
F 2 Prisen Thymian
E 2 EL Distelöl
E 1 Karotte, geschält, fein gerieben

Sauce 2:
M 1 EL Senf
W 2 Prisen Salz
H 1 Spritzer Zitronensaft
H 200 g Quark
F 1 Bund Kerbel, Blätter fein geschnitten
F wenig Oregano, fein geschnitten
E etwas Rahm (unterrühren, bis die Sauce sämig ist)
E ½ rote Paprika (Peperoni), fein gewürfelt
M 4 Radieschen, fein geschnitten, oder Rettich, geraffelt
M ½ Bund Schnittlauch, in feine Röllchen geschnitten

Sauce 3:
E 3 EL Baumnüsse, fein gehackt
M 100 g Gorgonzola, sämig gerührt
W 1 EL Shoyu (Sojasauce)
H 1 EL milder Apfelessig
F etwas Thymian, fein geschnitten

Die Kartoffeln im Dampfkochtopf je nach Grösse der Kartoffeln 15–20 Minuten weich dämpfen, vom Feuer nehmen und bei geschlossenem Deckel fünf Minuten ruhen lassen.

Die Saucenzutaten jeweils in der angegebenen Reihenfolge mischen, zwischen den Elementen immer gut umrühren. Die dritte ergibt je nach Geschmack eine dicke Sauce (mehr milden Apfelessig nehmen) oder eine Paste.

Die Kartoffeln schälen und mit den Saucen servieren.

Wirkung

Ausgewogene komplette Mahlzeit, nährt alle Yin-Organe, tonisiert das Qi von Milz/Bauchspeicheldrüse und Magen.

Rustikaler Strudel

Strudelteig:
E 1 Ei
E 2 EL Sonnenblumenöl
M 1 Prise Kardamom
W 1 gestrichener TL Salz
W 100 ml Wasser
H 300 g Weizenweissmehl oder Dinkelmehl

Belag:
E wenig Butter zum Anbraten
E 400 g Champignons, geputzt, in Scheiben geschnitten
E 3 Karotten, geschält, fein gewürfelt
M 2 Bund Radieschen, gewürfelt
M 1 Zwiebel, sehr fein gehackt
M etwas Dill ⊕+⑨
M etwas Majoran ⊕+⑨
M etwas Muskatnuss   → ⑨ Kräuter
W 1 TL Salz oder nach Bedarf
W 4 EL Sojasauce
H 400 g Sojabohnensprossen (PETERSILIE)
F 1 Bund Kerbel, gezupfte Blätter   SALBEI ⊕ Kurkuma
E 1 Messerspitze Honig
M wenig Cayennepfeffer
W Salz nach Bedarf
H 1 Spritzer Zitronensaft

E Eigelb zum Bestreichen

Für den Teig das Ei in einer Schüssel verquirlen, Sonnenblumenöl, Kardamom, Salz und Wasser darunter rühren, dann das Mehl unterziehen, einen Teig formen und mindestens 10 Minuten tüchtig kneten. Den Teig mit den Handballen ausziehen, aber aufpassen, dass er nicht reisst. Zugedeckt 1 Stunde

Rustikaler Strudel | 125

ruhen lassen. Der Teig kann einen Tag im Voraus zubereitet werden, kühl lagern.

Für den Belag in einer beschichteten Bratpfanne wenig Butter zergehen lassen, die Champignons darin sautieren, herausnehmen, beiseite stellen. Dann in derselben Pfanne die gewürfelten Karotten und Radieschen andünsten, die Zwiebel beifügen, 5 Minuten ständig bewegen, dann mit Dill, Majoran, Muskatnuss, Salz und Sojasauce würzen, alles gut mischen. Die Sojabohnensprossen, die Kerbelblätter und den Honig darunter mengen, alles weich kochen, die beiseite gestellten Champignons zur Gemüsemischung geben und alles nochmals mit Cayennepfeffer, Salz und Zitronensaft abschmecken, auskühlen lassen.

Den Teig auf einem bemehlten Tuch hauchdünn zu einem Rechteck ausrollen (eventuell daraus zwei Strudel herstellen, erleichtert das Ausrollen), mit der Gemüsemischung belegen, den Strudel mit Hilfe des Tuchs aufrollen. Auf ein mit Backpapier belegtes Blech legen und mit Eigelb bestreichen.

Im vorgeheizten Backofen bei 180 Grad 35–40 Minuten backen.

Wirkung

Tonisiert das Qi von Milz/Bauchspeicheldrüse, stärkt die Milz, tonisiert das Blut, wärmt den Mittleren Erwärmer.

Maiskolben mit Kräuterbutter

W   2 l kaltes Wasser
W   ½ TL Salz
H   1 Spritzer Essig
E   4 Maiskolben, Blätter und Haare entfernen, evtl. halbiert

Kräuterbutter:
E   50 g Butter, weich geschlagen
M   etwas weisser Pfeffer
M   etwas Muskatnuss
W   Salz nach Bedarf
H   ½ TL Zitronensaft
H/F Petersilie, fein gehackt
F   frischer Oregano, fein gehackt

Wasser, Salz und Essig aufkochen, die Maiskolben im sprudelnden Wasser garen (ca. 20 Minuten).

Für die Kräuterbutter alle Zutaten in der angegebenen Reihenfolge mit einer Gabel verkneten.

Die noch warmen Maiskolben in der Kräuterbutter wenden und servieren.

Wirkung

Tonisiert Magen, Dickdarm und Nieren, reguliert den Mittleren Erwärmer, gilt als Milz-Qi-Tonikum; ein schneller und knackig feiner Energiespender. Gut kauen, damit die Maiskörner auch verwertet werden können.

Seezungenfiletrollen mit Gemüse

E   Wenig Butter
E   3 Karotten, geschält
M   1 kleine Zwiebel, fein gehackt
W   50 ml Gemüsebouillon
H/F wenig Petersilie, sehr fein geschnitten
E   1 Prise Estragon
M   1 Prise Dill

M   weisser Pfeffer, frisch gemahlen, nach Bedarf
W   Salz nach Bedarf
W   4 Seezungenfilets à ca. 100 g
M   50 ml trockener Weisswein

E   100 ml Rahm
M   evtl. weisser Pfeffer
W   evtl. Salz

Von einer der Karotten mit dem Kartoffelschäler schöne hauchdünne Streifen abschneiden, über

Seezungenfiletrollen mit Gemüse

Dampf kurz weich kochen, kalt abschrecken und gut abtropfen lassen.

Die restlichen Karotten in Stücke schneiden.

Wenig Butter schmelzen, die Karottenstücke kurz darin dämpfen, dann die Zwiebel beifügen und glasig dünsten, mit der Gemüsebouillon ablöschen, wenig Petersilie untermischen (etwas für die Seezungen-filets zurückbehalten), zugedeckt weich kochen. Pürieren, mit Estragon und Dill würzen.

Pfeffer und Salz mischen. Die Seezungenfilets flach klopfen und beidseitig mit der Würzmischung sowie der restlichen Petersilie bestreuen. Die gut abgetropften Karottenstreifen auf die Hautseite der Seezungenfilets verteilen und diese aufrollen. Mit einem Holzstäbchen fixieren.

Eine Auflaufform mit Butter ausstreichen, die Fischrollen hineinlegen, den Weisswein darüber giessen. Zugedeckt im vorgeheizten Backofen bei 180 Grad 15–20 Minuten garen lassen.

In einer kleinen Pfanne den Rahm erwärmen, Restflüssigkeit aus der Gratinform unter Schwingen beifügen, wenn nötig etwas einkochen lassen, dann so viel vom Karottenpüree dazugeben, bis die Sauce schön bindet, falls nötig mit Pfeffer und Salz ab-schmecken.

Die Seezungenfiletrollen quer halbieren und auf der Sauce anrichten.

Wirkung

Harmonisiert den Mittleren Erwärmer und toni-siert das Nieren-Yang.

Spinat mit Zitrone und Bambussprossen

E   1 EL Butter
E   1 kg frischer Spinat, gewaschen, gut abgetropft

M   weisser Pfeffer nach Geschmack
M   etwas Muskatnuss
W   50 ml Gemüsebouillon
H   1 Zitrone, Saft
F   etwas Thymian
F   ½ unbehandelte Zitrone, abgeriebene Schale
E   140 g Bambussprossen, in Stäbchen geschnitten
E   3 EL Pinienkerne, fein gehackt

Die Butter erwärmen, den abgetropften Spinat dazu-geben und weich dünsten.

Die restlichen Zutaten in der angegebenen Reihenfolge mischen, mit dem heissen Spinat ver-mengen und anrichten.

Wirkung

Aufbauend auf das Blut, tonisiert die Leber, kühlt Magenhitze (Pinienkerne evtl. rösten).

Tipps

Falls Spinat nicht gut vertragen wird, kann er blanchiert, das heisst in wallend kochendem Wasser in einem Sieb 2–3 Minuten überbrüht werden; so wird die flüchtige Oxalsäure (Kleesäure) besser von den Blättern ausgeschieden.

Ausgewogene Ernährung

Erdbeersalat

E 500 g sehr reife, aromatische Erdbeeren,
sanft gewaschen, Kelchblätter sorgfältig entfernt, geviertelt

H ½ Orange, Saft
H/F 1 TL gut gelagerter Balsamico- oder milder
Sherryessig
F 1 TL Bitterorangenmarmelade
F ½ unbehandelte Orange, abgeriebene Schale
E 1 TL kaltgepresstes Olivenöl
E 1 TL Akazienhonig oder nach Bedarf
M einige Blätter Krauseminze nach Geschmack
M 1 Prise schwarzer Pfeffer, sehr fein gemahlen

Die Erdbeeren in eine Schüssel geben.

Aus den übrigen Zutaten in der angegebenen
Reihenfolge eine Sauce herstellen. Über die Erdbeeren verteilen, eine halbe Stunde ziehen lassen und
dekorativ angerichtet servieren.

Wirkung

Befeuchtet die Lunge, tonisiert Qi und Blut, Milz
und Leber, unterstützt die Verdauung.

Tipp

Falls Erdbeeren nicht gut vertragen werden, diese
in einem Sieb kurz (20 bis 30 Sekunden) in wallend
kochendes Wasser tauchen.

Dörrzwetschgenkompott

E 250 g natürlich gedörrte Zwetschgen, entsteint
E 200 ml Birnensaft
M 2 EL Rum

E Zwetschgen mit Einweichflüssigkeit
M 2 Pfefferminzblätter
W 1 Schuss kaltes Wasser
H 2 Orangen, Saft
F 1 Prise Kakao
E 2 gestrichene EL Pfeilwurzmehl

E 100 ml Rahm, steif geschlagen, für die Garnitur

Die Zwetschgen in eine Schüssel geben, mit dem
Birnensaft übergiessen und den Rum dazugeben,
über Nacht einweichen.

Die Zwetschgen mit der Einweichflüssigkeit
in einen Kochtopf schütten, die Pfefferminzblätter
und wenig kaltes Wasser dazugeben, den Orangensaft und zum Schluss eine Prise Kakao beifügen.
Alles zugedeckt 15 Minuten weich kochen.

Die Früchte mit dem Schaumlöffel in den
Mixer heben, wenig Kochflüssigkeit hinzufügen und
pürieren, das Püree beiseite stellen.

In den restlichen Sud das Pfeilwurzmehl
einrühren und gut durchschwingen, damit sich keine
Klümpchen bilden, aufkochen, bis es bindet, unter
das Zwetschgenmus rühren und dieses auskühlen
lassen.

In Schalen anrichten und mit Schlagrahm schön
garnieren.

Wirkung

Stärkt die Milz/Bauchspeicheldrüse, tonisiert Qi
und Blut.

Ausgewogene Ernährung 129

Gefüllte Äpfel

E   4 süsse Äpfel, Kerngehäuse entfernen
      (grosse Äpfel halbieren)

      Füllung:
E   150 g Datteln, entkernt, klein geschnitten
E   50 g Mandeln, klein gehackt
M   1 Prise Zimt E → *M Nelke od. Ingwer*
W   1 Prise Salz
H   2 EL Orangensaft, evtl. etwas mehr / *Zitrone*
F   1 Prise Kakao
F   1 unbehandelte Zitrone, fein geriebene Schale
      E   Cointreau
E   wenig Butter für die Auflaufform

Für die Füllung die Zutaten in der angegebenen Reihenfolge gut verrühren. In die Apfelhöhlung füllen.

Eine Auflaufform ausbuttern und die Äpfel hineinstellen. In der Mitte des vorgeheizten Backofens bei 180 Grad 15–20 Minuten braten.

Wirkung

Unterstützt die Verdauung, erwärmt den Mittleren und Unteren Erwärmer, tonisiert Blut und Säfte.

Hinweis

Laufen die Äpfel braun an, ist dies vielleicht für das Auge etwas unschön, es handelt sich dabei jedoch um das für die Verdauung wertvolle Pektin.

Roulade mit Nussfüllung

E   80 g Vollrohrzucker
E   4 Eigelb
E   1 Messerspitze Bourbonvanillepulver
E   4 Eiweiss
M   1 Prise Kardamom
W   1 Prise Salz
H   1 Spritzer Zitronensaft
F   1 Prise Kakao
E   2 EL Vollrohrzucker
H   6 EL fein gemahlenes Dinkelmehl
F   1 Prise Kakao
E   120 g Baumnüsse, fein gemahlen

      Füllung:
E   200 ml Rahm
E   2 TL Vanillezucker
E   1 Messerspitze Bourbonvanillepulver
E   3 EL Baumnüsse, fein gemahlen

Den Vollrohrzucker, die Eigelbe und das Vanillepulver zusammen rühren, bis die Masse sehr gut gemischt ist.

Die Eiweisse mit Kardamom, Salz und Zitronensaft steif schlagen, Kakao und Zucker hinzufügen und kurz weiterschlagen.

Das Dinkelmehl mit dem Kakao und den Baumnüssen mischen, lagenweise mit dem Eischnee unter die gerührte Masse heben.

Ein Blech (30 x 40 cm) mit Backpapier auslegen und den Teig etwa ½ cm dick darauf ausstreichen.

In der Mitte des vorgeheizten Backofens bei 240 Grad etwa 5 Minuten backen. Das Biskuit mit dem Papier auf den Tisch gleiten lassen, mit einem weiteren Backpapier zudecken und mit dem Backblech sofort beschweren, auskühlen lassen. (Dadurch entweicht der Dampf nicht, das Biskuit bleibt weich und lässt sich gut rollen.)

Inzwischen die Füllung herstellen: Den Rahm steif schlagen, mit Vanillezucker und Vanillepulver sowie den Baumnüssen mischen.

Roulade mit Nussfüllung

Den ausgekühlten Teig aufs Blech drehen, das Backpapier entfernen. Die Füllung dünn auf dem Biskuit verteilen, dieses sorgfältig aufrollen, in Frischhaltefolie gewickelt mehrere Stunden im Kühlschrank auskühlen lassen; die Roulade lässt sich dann besser schneiden.

Tipps

In Folie eingepackt und kühl gelagert hält sich die Roulade 2–3 Tage.

Es können auch andere Nüsse verwendet werden, z.B. Haselnüsse oder Mandeln.

Wirkung

Stärkt das Qi des Mittleren Erwärmers, nährt das Blut, tonisiert die Nieren und harmonisiert.

Zwischenmahlzeiten

Kräuterbaguette

E 1 langes Baguette (Pariserbrot), längs halbiert und in 4–5 Stücke geschnitten

E 100 g Butter
M ½ Knoblauchzehe oder weniger (Knoblauch soll nicht dominieren)
M weisser Pfeffer nach Bedarf
W Salz nach Bedarf
H/F ½ Bund Petersilie, fein gehackt
F 1 EL Rosmarinnadeln, sehr fein gehackt
F 3 Salbeiblätter, sehr fein gehackt
F 1 EL Oregano, sehr fein geschnitten
F 1 TL Thymian, sehr fein geschnitten

Die Butter weich rühren, den Knoblauch dazupressen, mit der Gabel gut unterrühren, die weiteren Zutaten in der angegebenen Reihenfolge darunter mischen und alles zu einer Kräuterbutter verarbeiten.

Die Kräuterbutter auf das vorbereitete Brot verteilen. Auf ein Backblech legen und im vorgeheizten Backofen bei 200 Grad etwa 10 Minuten backen.

Tomatenbaguette

E 1 langes Baguette (Pariserbrot), längs halbiert und in 4–5 Stücke geschnitten

E 2 EL Olivenöl
E 1 Zwiebel, sehr fein geschnitten
M 1 Lorbeerblatt
M 1 EL Basilikumblätter, sehr fein geschnitten
W Salz nach Bedarf
H 500 g sehr reife Fleischtomaten, geschält, in Würfel geschnitten oder ersatzweise Dosentomaten (Pelati)
F 2 TL Oregano
F ½ TL Thymian

Das Olivenöl erwärmen, die Zwiebel vorsichtig darin andünsten, Lorbeerblatt und Basilikum beigeben, kurz weiterbraten, salzen, die Tomaten hinzufügen, umrühren und die Kräuter beigeben. Alles zu einer dicken Sauce einkochen lassen, dann das Lorbeerblatt entfernen und die Masse auskühlen lassen.

Die Brothälften mit der dicken Tomatensauce bestreichen, auf ein Backblech legen, im vorgeheizten Ofen bei 200 Grad 15–30 Minuten backen.

Tipps

Eine kleine Zwischenmahlzeit oder zusammen mit einem Salat eine komplette leichte Mahlzeit. Auf den Tomatenbelag können zusätzlich Mozzarellawürfel und oder entsteinte Oliven gelegt werden.

Die Tomatensauce kann für einige Tage auf Vorrat zubereitet und auch für andere Gerichte weiterverarbeitet werden.

Wirkung

Tonisiert Milz/Bauchspeicheldrüse und Magen.

Kleine Warenkunde

Agavendicksaft: Als reine Fruchtsüsse im Reformhaus erhältlich. Der Saft wird aus dem süssen Herz der wilden Agave gewonnen. Eignet sich aufgrund seines fein aromatischen Geschmacks und der milden Süsse für Desserts, Gebäcke und zum Nachsüssen.

Algen: Im Reformhaus erhältlich. Meeresgemüse. Algen enthalten zehn- bis zwanzigmal mehr Mineralstoffe als Wurzelgemüse. Ihr Geschmack ist salzig und erinnert an den Geschmack des Meeres; die Temperatur ist kalt, sie kühlt Hitze, befeuchtet Trockenheit, löst Verhärtungen und Schleim, wirkt positiv auf das Wasserelement und das Nervensystem.
Chlorella-Algen sind eine Quelle für nicht tierisches Vitamin B_{12}, Protein und Eisen. Dank ihrem dreischichtigen Zellwandaufbau und dessen Bestandteilen hat sie eine ausgeprägte Entgiftungsfähigkeit.
Nori-Algen, getrockneter Purpurtang (Meerlattich), enthält am meisten Eiweiss unter den Algen.
Hiziki-Algen enthalten 5% mehr Kalzium als die vergleichbare Menge Trockenmilch und sind sehr eisenhaltig.
Rezept: 2 EL Hiziki 10 Minuten in der fünffachen Menge Wasser einlegen, gut abtropfen lassen (Einweichwasser nicht weggiessen) und mit fein gehackter Zwiebel 5 Minuten in Öl dünsten, Einweichwasser beigeben und zugedeckt rund 1 Stunde auf kleiner Stufe köcheln lassen; mit Sojasauce würzen und so lange weiterköcheln, bis sämtliche Flüssigkeit verdampft ist. Täglich zu einer Hauptmahlzeit ½ EL davon mit geröstetem Sesam zusammen einnehmen – ein ausgezeichnetes Stärkungsmittel. Ist auf Vorrat im Kühlschrank gelagert mehrere Tage haltbar.
Kombu-Algen haben kräftigende Eigenschaften, besonders auf die unteren Verdauungsorgane. Sie benötigen eine längere Kochzeit und eignen sich besonders als Zugabe zu länger kochenden Gerichten wie getrockneten Bohnen oder Suppen, die sie durch ihren hohen Mineraliengehalt gut ergänzen. Diese Alge eignet sich auch als Salzersatz; dazu kocht man z.B. ein Stück Kombu mit dem Getreide oder Gemüse (zuerst 5–10 Minuten einweichen und anschliessend 30–60 Minuten mitkochen).

Ananas: Diese Südfrucht ist ein guter Enzymlieferant und eignet sich ausgezeichnet als Dessertfrucht, da sie die Verdauung anregt, auf Magen, Milz/Bauchspeicheldrüse, Dickdarm und Blase wirkt. Die Temperatur ist neutral, und der Geschmack süss, eventuell sauer.

Apfel: Je nach Sorte im Geschmack süss (z.B. Holsteiner Cox, Golden Delicious) oder sauer (z.B. Boskop, Glockenapfel), süss-sauer (z.B. Jonagold); die Temperatur ist kühlend. Durch Kellerlagerung bekommt der Apfel einen süsslichen Geschmack und wirkt – was gerade im Winter wichtig ist – nährend auf das Blut. Die braune Verfärbung des aufgeschnittenen Apfels ist ein Zeichen des Pektingehalts, welcher harmonisierend auf die Verdauung im Dickdarm wirkt. Der Apfel entspannt die Leber, befeuchtet die Lunge und beruhigt das Yang.

Bohnen, getrocknete, sind kühl, dunkel und luftdicht verschlossen aufzubewahren. Getrocknete Bohnen unter fliessendem kaltem Wasser abbrausen, verlesen und über Nacht in genügend kaltem Wasser einweichen oder mit kochendem Wasser bedeckt 1 Stunde stehen lassen. Werden Bohnen schon zu Beginn der Kochzeit gesalzen, dauert der Garprozess länger; sobald die äussere Schale weich ist, was etwa nach der Hälfte der Garzeit der Fall ist, behindert das Salz das Weichwerden der Bohnen nicht mehr; fertig gekochte Bohnen nehmen das Salz nicht mehr richtig auf. Weiches Wasser ist zum Kochen der Bohnen optimal. Der Geschmack ist süss, sie werden nach anderen Gesichtspunkten aber dem Wasserelement zugeordnet.

Die Temperatur ist meist neutral (schwarze Sojabohnen warm), sie tonisieren Qi und Blut.

Brennnesselblätter: Frisch aus dem Garten oder getrocknet in Drogerie/Apotheke erhältlich. Die Brennnessel hat einen Bezug zu Nieren, Blase und Dickdarm. Ihre ausleitenden Eigenschaften wirken über die Nieren. Sie tonisiert aber auch das Qi von Milz/Bauchspeicheldrüse und Blut, bewegt das Leber-Qi, wirkt blutaufbauend. Der Geschmack ist süsslich, manchmal etwas bitter, die Temperatur mild erwärmend auf die Nieren und die Mitte.

Brottrunk ist ein besonders für den Darm wertvolles Milchsäure-Gärungsprodukt aus Vollkornbrot, Natursauerteig und Wasser. Der Geschmack ist sauer, die Temperatur erfrischend. Er wirkt blutreinigend, leitet Hitze aus, reguliert die Darmtätigkeit und beruhigt das Leber-Yang.

Cayennepfeffer (Chilipulver, roter Pfeffer) wird aus getrockneten Chilischoten gemahlen. Der Geschmack ist scharf, die Temperatur heiss, er unterstützt das Yang, reguliert, bewegt den Qi- und den Blutfluss, treibt Kälte aus, eignet sich bei Kälte-Bauchschmerzen. Vorsicht bei Säftemangel und viel Hitze.

Champignons sind heute meist aus Kultur erhältlich. Die Temperatur ist kühlend, erfrischend, der Geschmack ist süss. Sie beruhigen die Leber (Leber-Yang wird gesenkt) und kühlen Hitze.

Couscous hat seinen Ursprung im Vorderen Orient. Er besteht aus Hartweizengriess. Dieser wird zuerst angefeuchtet und dann zu kleinen Kügelchen geformt, die in Dampf vorgekocht und anschliessend getrocknet werden. Er ist gut nährend und leicht bekömmlich.

Dinkel, der Urweizen (Triticum spelta), wurde aufgrund des geringeren Ertrags und der Knickanfälligkeit der langen Stengel bei Wind und Wetter durch den heute allgemein angebauten Weizen (Triticum vulgare) etwas verdrängt. Durch das Einweichen der ganzen Körner (ca. 1 Stunde) werden die Mineralien für den Körper besser aufgeschlossen. Die Temperatur ist erfrischend, der Geschmack ist süss, aufgrund anderer Merkmale wird Dinkel aber dem Holzelement zugeteilt (Getreide, Fleisch und Hülsenfrüchte sind alle geschmacklich süss, werden aber anderen Elementen als dem Erdelement zugeordnet). Dinkel stärkt Milz/Bauchspeicheldrüse und Leber, nährt das Yin.

Dinkelpaniermehl im Reformhaus erhältlich oder selbst hergestellt: Altes Dinkelbrot im Backofen bei 150 Grad trocknen, dann fein reiben.

Fenchelsamen, als Tee oder als Pulver erhältlich, sind sehr aromatisch, wirken stärkend und wärmend auf die Verdauung, tonisieren das Qi von Milz/Bauchspeicheldrüse, beruhigen den Magen, erwärmen den Mittleren Erwärmer, bewegen das Leber-Qi, erwärmen die Nieren und tonisieren das Nieren- und Lungen-Qi. Der Geschmack ist süss, die Temperatur warm.

Galgant ist eine ingwerähnliche Wurzel, wird bei uns meist in Pulverform verwendet (in Drogerien und Apotheken erhältlich). Er würzt etwas milder als Ingwer, als Ersatz kann Ingwer mit etwas abgeriebener Zitronenschale verwendet werden. Die Temperatur ist warm, der Geschmack scharf. Erwärmt den Mittleren Erwärmer und hat krampflösende Wirkung auf den Verdauungstrakt.

Grünkern: Halbreif geerntete Dinkelkörner, die über dem Holzfeuer gedarrt wurden. Er eignet sich für herzhafte Gerichte und kann durch Dinkelkörner ersetzt werden. Sein Geschmack ist süss, intensiv, die Temperatur neutral, eher wärmend, wirkt auf Leber und Gallenblase, entstaut die Leber, tonisiert Leber-Qi und Blut. Eignet sich für eine Frühjahrskur.

Hirse: Erhältlich als ganze Körner, Flocken oder Mehl. Sie enthält wie die Gerste viel Kieselsäure. Nur gekochte Hirse kann richtig verdaut werden (Hirseflocken sind roh). Ihr Geschmack ist süss und die Temperatur kühlend. Sie stärkt das Qi von Nieren, Magen und Milz/Bauchspeicheldrüse und hat einen positiven Einfluss auf Kopfhaare und Nägel.

Honig: Die von der Biene aufgenommenen süssen Säfte lebender Pflanzen (Nektar) gelangen über die Speiseröhre in den Honigmagen, wo sie mit körpereigenen Substanzen chemisch verändert werden. Im Stock übernehmen dann andere Bienen das Sammelgut und bringen es in die Wabenzellen, wo weitere Umwandlungen stattfinden. Der Honig wird durch (Kalt-)Schleudern aus den Waben gewonnen. Akazienhonig ist geschmacklich ziemlich neutral und wird deshalb in der Küche zum Süssen oft bevorzugt. Die Temperatur ist neutral/warm, der Geschmack süss, er hat gute befeuchtende Eigenschaften für die Lunge und den Darm und tonisiert Milz/Bauchspeicheldrüse; bei Feuchtigkeitsproblemen vorsichtig damit umgehen.

Ingwer ist eine im Fernen Osten heimische Pflanze, deren Wurzel vorzugsweise frisch verwendet wird. Die Temperatur ist warm und der Geschmack scharf. Er öffnet die Hautoberfläche und leitet Wind-Kälte aus (beginnende Erkältung durch von aussen eingedrungene Kälteeinflüsse), fördert äusserlich die Hautdurchblutung, harmonisiert den Fluss des Magen-Qis (hilft deshalb auch bei Brechreiz oder Reisekrankheit) und erwärmt die Mitte.

Kardamom ist eine Kapselfrucht mit scharf süsslichem bis bitterem, eukalyptusähnlichem Geschmack, die Temperatur ist warm. Wärmt Milz/Bauchspeicheldrüse, leitet Feuchtigkeit aus dem Mittleren Erwärmer aus, bewegt Verdauungsblockaden, senkt das Magen-Qi ab, kann gute Dienste bei Schluckauf leisten, verhindert Schweregefühl und Müdigkeit nach dem Essen.

Kichererbsen sind Hülsenfrüchte. Sie werden am besten vor dem Kochen überbraust, verlesen und über die Nacht in kaltem Wasser eingeweicht, dann mit frischem Wasser aufgekocht. Sie gehören geschmacklich zum Erdelement, sind süss, werden aber nach anderen Kriterien dem Wasserelement zugeteilt. Kichererbsen stärken wie die meisten Hülsenfrüchte das Qi von Nieren und Milz/Bauchspeicheldrüse, die Temperatur ist neutral.

Knoblauch tonisiert den Magen, löst Verdauungsblockaden, fördert den Fluss von trägem Qi, wärmt Magen und Milz/Bauchspeicheldrüse, hilft gut bei Kälteverdauungsproblemen. Der Geschmack ist scharf. Manche Knoblauchzehen enthalten einen Keimling; dieser kann der Speise einen bitteren Geschmack verleihen und wird deshalb entfernt; dadurch soll auch die unangenehme Ausdünstung vermieden werden. Vor allem im Sommer Knoblauch mit Bedacht verwenden, seine Thermik kann das Blut zu stark erwärmen.

Kokosnussmilch: Milch aus der Frucht der Kokospalme. 50 g Kokosnussraspel 10 Minuten in ½ Liter Wasser köcheln lassen, abseihen; dies ergibt 200 ml Kokosmilch. Eignet sich bestens als Kuhmilchersatz. Die Temperatur ist neutral bis wärmend, der Geschmack ist süsslich. Sie tonisiert das Qi von Milz/Bauchspeicheldrüse, harmonisiert die Mitte und ist gut nährend.

Kreuzkümmel (Cumin, römischer Kümmel), äusserlich zwar unserem gewöhnlichen Kümmel ähnlich, botanisch aber nur sehr entfernt verwandt mit diesem und von ganz anderem, eigenem Geschmack. Die Temperatur ist warm, der Geschmack scharf, manchmal bitterscharf. Er schenkt dem Verdauungstrakt milde Wärme, entkrampft die Verdauung.

Kümmel enthält viel ätherische Öle. Am wirkungsvollsten wird er wie Kreuzkümmel zerstossen verwendet. Die Temperatur ist warm, der Geschmack ist scharf, manchmal leicht bitter-aromatisch. Er tonisiert das Qi von Milz/Bauchspeicheldrüse und Magen und erwärmt den Mittleren Erwärmer, bewegt das Leber-Qi, wirkt Blähungen entgegen.

Kurkuma, Gelbwurz, ist verwandt mit der Ingwerpflanze; geschätzt wird in der Küche vor allem die intensiv gelbe Farbe. Der sanfte Geschmack ist leicht bitter, aromatisch scharf, die Temperatur warm. Kurkuma bewegt das Qi von Leber und Dickdarm, ebenso stagnierendes Qi in Milz/Bauchspeicheldrüse, Magen und Niere. Bei so viel Farbe spricht man von viel kosmischer Energie. Zusammen mit Fenchelsamen, Galgant und Koriander gehört Kurkuma zu den Qi-Yang-Tonika.

Linsen vor dem Kochen abspülen, vor allem kleine und geschälte Linsen verlesen (Steinchen). Geschälte und ganz kleine Linsen müssen nicht eingeweicht werden, eingeweichte Linsen garen jedoch besser. Zum Einweichen am besten abgekochtes Wasser verwenden. Das Einweichwasser immer wegschütten, da es sehr bitter ist, und zum Kochen frisches Wasser verwenden. Gesalzen werden die Linsen gleich zu Beginn oder erst, wenn sie weich sind. Linsen lieben reichlich Gewürze und Kräuter, z.B. Curry, Senfkörner, Pfeffer, Kreuzkümmel, Koriander, Fenchel, Thymian, Ysop, Basilikum, Rosmarin, Salbei, Minze, Petersilie, Knoblauch und Schalotte. Besonders gut passt zu Linsen auch Säure, Zitronensaft, Essig, Apfelsaft oder Früchte wie Apfel oder Mango. Rote Linsen zerfallen leicht, eignen sich deshalb gut für Püree, Suppen oder Pasten (Humus), braune und grüne Linsen für Salate, Linsengerichte und Suppen. Ihr Geschmack ist süss, dennoch werden sie dem Wasserelement zugeteilt, die Temperatur ist neutral, sie stärken das Qi von Nieren und Milz/Bauchspeicheldrüse und tonisieren das Blut.

Mais: Neben den ganzen Maiskolben, die auf unserem Speiseplan Einzug gehalten haben, werden die Maiskörner auch zu Griess und Mehl oder zu Popcorn verarbeitet. Mais ist ein schneller guter Energiespender, er enthält keinen Getreidekleber. Der Geschmack ist süss, die Temperatur neutral; er tonisiert Magen, Dickdarm und Blase und reguliert den Mittleren Erwärmer.

Pecorino: Aus Schafmilch gewonnener Hartkäse von kräftigem Geschmack und hohem Eiweissgehalt. Der Geschmack ist bitter, scharf, die Temperatur wärmend, wirkt weniger befeuchtend als Kuhmilchkäse.

Petersilie (glattblättrige Petersilie) kann man fast jeder Speise zugeben. Sie bewegt das Leber-Qi, tonisiert das Leberblut und wirkt z.B. mit Karotten, Pastinaken auch blutnährend. Der Geschmack ist leicht bitter, süss, leicht aromatisch scharf. Frische grüne Kräuter können dem Holzelement zugeteilt werden, so trägt die Petersilie das Holz-, das Feuer- und das Metallelement in sich.

Pfefferminze gehört zur grossen Familie der Lippenblütler. Der Geschmack ist scharf, die Temperatur kühlend, regt die Bildung der Gallenflüssigkeit an, bewegt das Qi von Leber und Magen, löst Nahrungsmittelstagnationen und ist gut gegen Mundgeruch.

Pfeilwurzelmehl ist das aus der wild wachsenden Kuzupflanze gewonnene Stärkemehl (erhältlich im Reformhaus). Eignet sich gut als Bindemittel für Suppen, Saucen und zum Glasieren von Nachspeisen (Maisstärkeersatz). Die Temperatur ist erfrischend, der Geschmack neutral bis leicht süsslich. Bei Durchfall: 1 Esslöffel Pfeilwurzmehl in 1 Glas kaltem Wasser auflösen, langsam zum Kochen bringen, kräftig rühren, bis die Flüssigkeit gallertartig wird; bei Kälte 1 Teelöffel geriebenen frischen Ingwer beifügen; um die Kälte nach unten zu leiten, wenig Salz beifügen; wer es süsslich mag, kann etwas Apfelsaft hinzufügen.

Pinienkerne, die Samen von verschiedenen Pinienarten, enthalten viel Eiweiss. Die Temperatur ist warm, der Geschmack süss. Tonisiert das Qi der Leber, befeuchtet Lunge und Dickdarm; geröstet werden sie Yang-betonter.

Pistazien, die Steinfrüchte eines kleinen Baumes, die erst nach dem Rösten aufspringen, sind reich an Eisen. Die Temperatur ist neutral, der Geschmack süsslich, sie nähren Blut und Essenz, befeuchten Haut und Lunge.

Reis: Rundkornreis, der mehrheitlich für Risotto oder süsse Reisspeisen verwendet wird, ist von neutraler Temperatur und von süssem Geschmack, wird aber dem Metallelement zugeteilt; er stärkt die Milz, harmonisiert den Magen und ist nährend.
Langkornreis bleibt beim Kochen körnig, seine Temperatur ist kühlend, der Geschmack ist süsslich; er stärkt und tonisiert Magen und Milz/Bauchspeicheldrüse, entfeuchtet und wirkt diuretisch.

Sesamsamen: die in den Kapselfrüchten der krautartigen Sesampflanze enthaltenen weissen, schwarzen oder auch roten Samen. Sie enthalten bis zu 50% hochwertiges Öl und 20% Eiweiss und sind daher ein wertvolles Nahrungsmittel. Die Temperatur ist neutral, der Geschmack süsslich; sie tonisieren Niere und Leber, befeuchten alle Yin-Organe und wirken gegen allgemeine Trockenheit.

Sojasauce: Tamari wird nach traditioneller Methode mit Hilfe eines Pilzes aus Sojabohnen, Quellwasser, Mirin (Würze aus Reis) und Meersalz fermentiert, Shoyu aus Sojabohnen, Vollweizen, Quellwasser und Meersalz. Wird zum Würzen von Gemüse, Saucen, Suppen, Getreide usw. verwendet. Die Temperatur ist kühlend, der Geschmack salzig. Sojasauce ist ein Enzymlieferant und erleichtert die Verdauung.

Stevia: Aus den Blättern einer südamerikanischen Staude gewonnenes natürliches pflanzliches Süssmittel. Steviaextrakt gilt als nicht kalorisch. Geeignet zum Kochen und Backen; erhältlich als getrocknete Blätter, Pulver und flüssig.

Tofu wird aus eingeweichten und ausgepressten Sojabohnen gewonnen. Er dient oft als pflanzlicher Fleischersatz, ist aber nicht unbedingt geeignet dazu, weil er stark kühlend wirkt. Der Geschmack ist neutral, fad, süsslich, die Temperatur ist kühlend bis kalt, sediert dadurch das Yang, tonisiert das Yin, erzeugt Feuchtigkeit, leitet Hitze aus.

Topinambur, auch Erdartischocke oder Süsskartoffel genannt, ist eine der Kartoffel ähnliche Knolle einer Sonnenblumenart. Dieses Wintergemüse enthält als Stärke Inulin, das den Blutzuckerspiegel nicht erhöht. Der Geschmack ist süsslich nussartig, die Temperatur warm. Tonisiert Milz/Bauchspeicheldrüse und wirkt entwässernd.

Weizen: Das Weizenkorn zeigt eine deutliche Aufteilung seiner Nährstoffe auf das eigentliche Korn (Stärke mit Klebereiweiss), den Keimling (Fett und fettlösliche Vitamine) und die Randschichten (Ballaststoffe, Mineralstoffe, Vitamine, Eiweiss). Damit es nicht zu einer einseitigen Ernährung kommt (wie z.B. durch isolierte Kohlehydrate), ist es daher (bei allen Getreiden) wichtig, das Getreidekorn im Ganzen zu verarbeiten. Der Geschmack des Weizens ist süss, wird aus anderen Gründen jedoch dem Holzelement zugeteilt, die Temperatur ist kühl. Er nährt das Herz, beruhigt den Geist, hilft bei emotionellen Schwankungen (bei Schlaflosigkeit wirkt ein lauwarmes Weizenbier entspannend), tonisiert das Magen-Yin sowie Qi und Blut der Leber.

Lebensmittelzuteilung

Lebensmittel	Element	Temperatur	Lebensmittel	Element	Temperatur
Aal	Wasser	Warm	Brombeerblätter, Tee	Feuer	Neutral/warm
Adzukibohne	Wasser	Neutral	Brombeere	Erde/Holz	Erfrischend
Agar-Agar	Wasser	Kalt	Brottrunk	Holz	Erfrischend
Ahornsirup	Erde	Erfrischend	Brunnenkresse	Feuer/Metall	Erfrischend
Alge	Wasser	Kalt	Buchweizen	Feuer	Warm
Alkohol, süss	Erde	Warm	Buschbohnen	Erde	Neutral
Altbier	Feuer	Erfrischend	Butter	Erde	Neutral
Amarant	Erde	Warm	Buttermilch	Erde	Erfrischend
Ananas	Erde/Holz	Neutral			
Angelikawurzel	Erde	Warm	Calamari	Wasser	Erfrischend
Anis	Erde	Warm	Cashewnuss	Erde	Erfrischend/neutral
Apfel, sauer	Holz	Erfrischend	Cayennepfeffer	Metall	Heiss
Apfel, süss	Erde	Erfrischend	Champagner	Metall	Erfrischend
Apfelsaft	Erde	Erfrischend	Champignon	Erde	Erfrischend
Aprikose	Erde/Holz	Warm	Chicorée	Feuer	Kalt
Artischocke	Feuer	Erfrischend	Chili	Metall	Heiss
Aubergine	Erde	Erfrischend	Chinakohl	Erde	Erfrischend/neutral
Austern	Wasser	Kalt	Cognac	Metall	Heiss
Avocado	Erde	Neutral	Curry	Metall	Heiss
Backpulver	Holz	Erfrischend	Dattel	Erde	Neutral
Baldrian	Feuer	Kalt	Dickmilch	Holz	Erfrischend
Balsamicoessig	Holz/Feuer	Warm	Dill	Metall	Warm
Bambussprossen	Feuer/Erde	Kalt	Dinkel	Holz	Erfrischend
Banane	Erde	Kalt	Distelöl	Erde	Erfrischend
Bärlauch	Holz/Metall	Warm			
Barsch	Wasser	Warm	Ei	Erde	Neutral
Basilikum	Metall/Feuer	Warm	Eigelb	Erde	Neutral
Beeren	Holz/Erde	Erfrischend	Eisbergsalat	Feuer	Kalt
Beifuss	Feuer	Warm	Eisenkraut	Feuer	Kalt
Birne	Erde/Holz	Erfrischend	Eiweiss	Erde	Erfrischend
Bitterorange	Feuer	Warm	Endivien	Feuer	Kalt
Bitterlikör	Feuer	Heiss	Ente	Holz	Kalt
Blumenkohl	Erde	Erfrischend	Erbse, getrocknet	Erde	Neutral
Bockshornkleesamen	Feuer	Heiss	Erbse, frisch	Wasser	Neutral
Bohnen, getrocknet	Wasser	Erfrischend/neutral	Erdbeere	Holz/Erde	Erfrischend
Bohnenkraut, frisch	Feuer	Warm	Erdnuss	Erde	Neutral
Borretsch	Erde	Warm	Erdnussöl	Erde	Neutral
Breitwegerichblätter	Erde	Erfrischend	Essig	Holz/Metall	Warm
Brennnesselblätter	Erde/Feuer	Warm	Essiggurke	Holz	Erfrischend
Broccoli	Erde/Feuer	Erfrischend	Esskastanie	Erde	warm

Lebensmittel	Element	Temperatur	Lebensmittel	Element	Temperatur
Estragon	Erde	Erfrischend/neutral/getrocknet warm	Heidelbeere	Erde	Erfrischend
			Hering	Erde	Neutral
			Hibiskustee	Holz	Erfrischend
Fasan	Metall	Warm	Himbeere	Holz/Erde	Erfrischend
Feige	Erde	Neutral	Himbeerblätter	Feuer	Warm
Feldsalat	Feuer	Erfrischend	Hirsch	Metall	Warm
Fenchel	Erde	Warm/neutral	Hirse	Erde	Neutral
Fenchelsamen, Tee	Erde/Metall	Warm	Holunderbeere	Feuer	Erfrischend
Forelle	Wasser	Warm	Holunderblüte	Feuer/Erde	Neutral
Frauenmanteltee	Feuer	Kalt	Honig	Erde	Neutral
Früchtetee	Holz	Erfrischend	Honigmelone	Erde	Neutral/erfrischend
Frühlingszwiebel	Metall	Warm	Hopfentee	Feuer	Erfrischend
			Huhn (Geflügel)	Holz	Warm
Gans	Metall	Neutral	Hülsenfrüchte, getrocknet	Wasser	Erfrischend
Gänseblümchen	Feuer	Erfrischend			
Gelbwurz (Kurkuma)	Metall	Warm	Hummer	Wasser	Warm
Gemüsebouillon	Wasser	Neutral/warm			
Gemüse, milchgegoren	Holz	Erfrischend	Ingwer, frisch	Metall	Warm
			Ingwer, getrocknet	Metall	Heiss
Gegrilltes Fleisch	Feuer	Heiss	Ingwertee	Metall	Warm
Geräucherter Fisch	Feuer/Erde/Wasser	Warm	Jasminblütentee	Feuer/Erde	Warm
			Joghurt nature, sauer	Holz	Erfrischend
Gerste	Erde	Erfrischend	Joghurt, süss	Erde	Neutral
Gerstenmalz	Erde	Neutral	Johannisbeere	Holz	Erfrischend
Gerstensprossen	Erde	Erfrischend			
Getreidekaffee	Feuer	Neutral/warm	Kabeljau	Wasser	Warm
Gewürzpaprika	Metall	Warm	Kaffee	Feuer	Warm/kalt
Gewürznelke	Metall	Heiss	Kakao	Feuer/Erde	Warm/neutral
Glühwein	Metall	Heiss	Kaki	Erde	Kalt
Grapefruit	Erde/Holz	Erfrischend	Kalb	Erde	Neutral
Grapefruitschale	Feuer/Metall	Warm	Kamillentee	Erde	Erfrischend
Grüner Salat	Feuer	Erfrischend	Kapern	Metall	Warm
Grüner Tee	Feuer/Erde	Kalt	Kardamom	Metall	Warm
Grünkern	Holz	Warm	Karotte/Möhre	Erde	Neutral/warm
Grünkohl	Feuer/Erde	Warm	Kartoffel	Erde	Neutral
Guinnessbier	Feuer	Kalt	Käse mit viel Fett	Erde	Neutral
Gurke	Erde	Erfrischend	Käse, fermentiert	Metall	Warm
			Kastanie	Erde	Warm
Hafer	Metall	Warm	Kefir	Holz	Erfrischend
Hagenbuttentee	Holz	Erfrischend	Kelp	Wasser	Kalt
Hähnchen	Holz	Warm	Kerbel	Feuer	Erfrischend
Haifisch	Wasser	Neutral	Kichererbse	Wasser	Erfrischend
Hammel	Feuer	Heiss	Kirsche, süss	Erde	Warm
Hase	Metall	Erfrischend	Kirsche, sauer	Holz	Erfrischend
Haselnuss	Erde	Neutral	Kirschsaft	Holz	Warm
Hefe	Holz	Erfrischend	Kiwi	Holz	Kalt

Lebensmittelzuteilung 139

Lebensmittel	Element	Temperatur	Lebensmittel	Element	Temperatur
Klettenwurzel	Feuer	Kalt	Marsala	Metall	Warm
Knoblauch	Metall	Warm	Marzipan	Erde	Neutral
Kohl	Erde/Metall	Neutral	Maulbeere	Erde	Kalt
Kohlrabi	Metall/Erde	Erfrischend/neutral	Meerrettich	Metall	Warm
Kokosnussfleisch	Erde	Neutral	Meersalz	Wasser	Kalt
Kokosnussmilch	Erde	Warm	Melissentee	Holz	Erfrischend
Kombu	Wasser	Kalt	Mineralwasser	Wasser	Kalt
Kopfsalat, grün	Feuer/Erde	Kalt	Mohn	Feuer	Warm
Korianderblätter	Metall	Neutral/warm	Mozzarella	Erde	Erfrischend
Koriandersamen	Metall/Erde	Warm	Mungbohne	Wasser	Neutral
Korinthe	Erde	Warm	Muskatnuss	Metall	Heiss
Kresse	Metall	Kalt			
Kreuzkümmel	Metall	Warm	Nelke	Metall	Heiss
Kuhmilch	Erde	Neutral	Nori (Alge)	Wasser	Kalt
Kümmel	Metall	Warm			
Kümmeltee	Erde	Warm	Olive	Erde	Erfrischend
Kürbis	Erde	Warm	Olivenöl	Erde	Neutral
Kürbiskerne	Erde	Warm	Orange	Holz/Erde	Erfrischend
Kurkuma	Metall	Warm	Orangenschale, getrocknet	Metall/Feuer	Warm
Kuzu (Pfeilwurzmehl)	Erde	Erfrischend	Oregano	Feuer	Warm/neutral
Lachs	Wasser	Warm			
Lamm	Feuer	Heiss	Papaya	Erde	Neutral
Languste	Wasser	Warm	Pastinake	Erde	Neutral
Lauch	Metall	Warm	Peperoni (Paprika)	Erde	Erfrischend
Liebstöckel (Maggikraut)	Feuer/Metall	Warm	Petersilie	Holz/Feuer/Erde	Neutral
Likör	Erde	Warm	Pfeffer, rot	Metall	Heiss
Lindenblüte	Metall	Erfrischend	Pfeffer, schwarz	Metall	Heiss
Linse	Wasser	Neutral	Pfeffer, weiss	Metall	Warm
Longan	Erde	Warm	Pfefferminze	Metall	Erfrischend
Lorbeerblatt	Metall	Warm	Pfeilwurzmehl (Kuzu)	Erde	Erfrischend
Löwenzahnblätter	Feuer	Erfrischend	Pfirsich	Erde/Holz	Warm
Löwenzahnwurzel	Feuer	Kalt	Pflaume, ausgereift	Erde	Neutral/warm
Lychee	Erde	Warm	Pflaume, sauer	Holz	Neutral/warm
			Pils	Feuer	Kalt
Mais	Erde	Neutral	Pinienkerne	Erde	Warm
Majoran	Metall/Feuer	Warm	Pistazie	Erde	Neutral/warm
Malventee	Holz	Erfrischend	Preiselbeere	Holz	Erfrischend
Malz	Erde	Neutral	Prosecco	Holz	Erfrischend
Malzbier	Erde	Neutral			
Mandarine	Holz/Erde	Erfrischend	Quark	Holz	Neutral/erfrischend
Mandarinenschale, getrocknet	Metall/Feuer	Warm	Quitte	Feuer	Erfrischend
Mandel	Erde	Neutral	Radicchio	Feuer	Kalt
Mango	Erde/Holz	Kalt	Radieschen	Metall	Erfrischend
Mangold	Erde	Erfrischend	Rande (Rote Bete)	Feuer/Erde	Erfrischend

140 Lebensmittelzuteilung

Lebensmittel	Element	Temperatur	Lebensmittel	Element	Temperatur
Rahm (süsse Sahne)	Erde	Neutral	Shoyu	Wasser	Kalt
Räucherfisch	Wasser	Warm	Sojabohne, gelbe	Wasser	Erfrischend
Rebhuhn	Metall	Warm	Sojabohne, rote	Wasser	Erfrischend
Reh	Metall	Warm	Sojabohne, schwarze	Wasser	Neutral
Reis	Metall	Erfrischend	Sojamilch	Erde	Erfrischend
Rundkornreis	Metall	Neutral	Sojasauce	Wasser	Kalt
Langkornreis	Metall	Erfrischend	Sonnenblumenkerne	Erde	Erfrischend
Reismalz	Erde	Erfrischend	Sonnenblumenöl	Erde	Erfrischend
Rettich	Metall	Erfrischend	Spargel	Erde/Feuer	Erfrischend
Rhabarber	Holz	Kalt	Spinat	Erde	Erfrischend
Rind	Erde	Neutral	Sprossen	Holz	Erfrischend
Roggen	Feuer	Erfrischend	Stachelbeere	Holz	Erfrischend
Rohrzucker	Erde	Neutral	Stangenbohne	Wasser	Neutral
Rosenkohl	Feuer	Neutral	Stangensellerie	Erde/Feuer	Erfrischend
Rosenpaprika	Feuer	Warm	Sternanis	Metall/Erde	Warm/heiss
Rosine	Erde	Warm	Stör	Wasser	Neutral
Rosmarin	Feuer/Metall	Warm	Süssholz	Erde	Neutral
Rotwein, trocken	Feuer	Warm	Süsskartoffel	Erde	Neutral
Rucola	Feuer	Erfrischend	Süsskirsche	Erde	Warm
			Süssreis	Erde	Warm
Safran	Erde/Metall	Neutral			
Sake	Metall	Warm	Tabasco	Metall	Heiss
Salbei	Feuer/Metall	Erfrischend	Tamari	Wasser	Kalt
Salz	Wasser	Kalt	Thunfisch	Wasser	Warm
Sardelle	Wasser	Warm	Thymian	Feuer/Metall	Warm
Sauerampfer	Holz	Kalt	Tintenfisch	Wasser	Erfrischend
Sauerbrotteig	Holz	Erfrischend	Tofu	Erde	Erfrischend/kalt
Sauerkirsche	Holz	Erfrischend	Tomate	Holz	Erfrischend
Sauerkraut	Holz	Erfrischend	Topinambur	Erde	Neutral/warm
Sauermilch	Holz	Erfrischend	Traube	Erde	Neutral/warm
Sauerrahm	Holz	Erfrischend	Traubensaft	Erde	Neutral
Schaf	Feuer	Heiss	Truthahn (Pute)	Metall	Neutral
Schafgarbentee	Feuer	Kalt			
Schafkäse	Feuer	Warm	Unreife Beeren,	Holz	Erfrischend
Schimmelkäse	Metall	Warm	unreifes Obst		
Schnaps	Metall	Heiss			
Schnittlauch	Metall	Warm	Vanille	Erde	Warm
Schwarztee	Feuer	Kalt			
Schwarzwurzel	Erde/Feuer	Neutral	Wacholderbeeren	Feuer/Erde	Warm
Schweinefleisch	Wasser	Neutral	Walnuss	Erde	Warm
Seitan, Weizengluten	Erde	Erfrischend	Walnussöl	Erde	Warm
Sellerie	Erde	Erfrischend	Wassermelone	Erde	Kalt
Senf	Metall	Warm	Wasser, kalt	Wasser	Erfrischend
Sesam	Erde	Neutral	Wasser, warm	Feuer	Warm
Sesamöl	Erde	Erfrischend	Wein, süss	Erde	Warm
Shiitakepilz	Erde	Neutral	Weinessig	Holz	Warm

Lebensmittelzuteilung 141

Lebensmittel	Element	Temperatur
Weissdornfrüchte	Erde	Warm
Weisswein, trocken	Metall	Erfrischend
Weisswein	Holz/Erde	Erfrischend
Weizen	Holz	Erfrischend
Weizenbier	Holz	Erfrischend
Weizenkeimöl	Erde	Erfrischend
Weizenkleie	Erde	Erfrischend
Wermut	Feuer	Kalt
Whisky	Metall	Heiss
Wildreis	Erde/Wasser	Erfrischend
Wildschwein	Metall	Warm
Wodka	Metall	Heiss
Yamswurzel	Erde	Neutral
Ysop	Feuer/Metall	Warm
Yogitee	Metall	Heiss
Ziege	Feuer	Heiss
Ziegenkäse	Feuer/Erde	Warm
Ziegenmilch	Feuer/Erde	Warm
Zimtpulver	Erde	Heiss
Zimtrinde	Metall	Heiss
Zimtzweig	Metall	Warm
Zitrone	Holz	Kalt
Zitronenschale	Feuer	Neutral
Zucchini	Erde	Erfrischend
Zucker, weiss	Erde	Neutral
Zwiebel	Metall	Warm
Zwiebel, rot	Metall	Heiss

Überbrückungshilfen zwischen den Elementen

Holz
Zitronen- oder Orangensaft
Essig
Weisswein
Weizen-/Dinkelbier
Sauermilch
Frische grüne Kräuter

Feuer
Kakao
Kaffee
Rotwein
Kochendes Wasser
Thymian, Rosmarin,
Oregano, Salbei
Wermut
Schwarztee

Erde
Butter
Öle
Vanille
Safran
Süsser Likör
Rahm
Honig, Vollrohrzucker
Estragon, Fenchel
Mandelmus
Sesampaste
Traubensaft

Metall
Scharfer Alkohol wie Sake,
Whisky
Dill, Ingwer, Majoran,
Basilikum
Zwiebel
Pfeffer
Meerrettich
Knoblauch

Wasser
Kaltes Wasser
Salz
Shoyu, Sojasauce
Algen
Kelp
Mineralwasser

Literaturverzeichnis

Bänziger, Erica: *Kochen mit den fünf Elementen*, Midena-Verlag.

Connelly, Dianne: *Traditionelle Akupunktur. Das Gesetz der fünf Elemente*, Bruno Endrich Verlag.

Eckert, Achim: *Gesund im Gleichgewicht der fünf Elemente*, Hermann Bauer Verlag.

Engelhardt, Hempen: *Chinesische Diätetik*, Urban & Schwarzenberg.

Fisch, Guido: *Chinesische Heilkunde in unserer Ernährung*, Synthesis Verlag.

Fisch, Guido: *Akupunktur. Chinesische Nadelheilkunde in der Medizin der Zukunft*, Goldmann Verlag.

Flaws, Bob und Lee Wolfe: *Das Yin und Yang der Ernährung*, Otto Barth Verlag.

Gleditsch, Jochen: *Reflexzonen und Somatotopien als Schlüssel zu einer Gesamtschau des Menschen*, Biologisch-Medizinische Verlagsgesellschaft.

Haas, E. M., Dr. med.: *Gesund durch alle vier Jahreszeiten*, Scherz Verlag.

Heinen, Marth: *Kochen und Leben mit den fünf Elementen*, Windpferd Verlag.

Lie Foen Tjoeng: *Akupressur*, Falken Verlag.

Lorenzen, Udo und Andreas Noll: *Die Wandlungsphase der traditionellen chinesischen Medizin*, 5 Bde., Müller-Steinicke-Verlag.

Mäder, Bé: *Vitamine, Mineralstoffe, Enzyme und Co.*, Midena-Verlag.

Rappenecker, Wilfried: *Fünf Elemente und zwölf Meridiane*, Hübner Verlag.

Redl, Franz: *Die Welt der fünf Elemente*, Bacopa Verlag.

Ruckstuhl, Stefan: *Nahrungsmittel und ihre Einteilung von A bis Z* (erhältlich bei: Stefan Ruckstuhl, Kreuzenstrasse 14, CH-4500 Solothurn).

Schürch, Guido: *Grundlagen der chinesischen Diagnose*.

Stiefvater, E. W.: *Die Organuhr*, Haug Verlag.

Temelie, Barbara und Beatrice Trebuth: *Das Fünf Elemente Kochbuch*, Joy Verlag.

Temelie Barbara: *Ernährung nach den fünf Elementen*, Joy Verlag.

Wetter, Ursula: *5-Elemente-Küche. Westlich kochen nach der chinesischen Ernährungslehre*, AT Verlag.

Rezeptverzeichnis nach Erscheinungsbildern

Hitze

Artischocken, überbacken 38
Avocadosalat 34
Birnen surprise 46
Chinakohlsalat 36
Dinkelflockenbrei 30
Dinkelsuppe 30
Gemüseauflauf 42
Gomasio 50
Grüner Salat mit Shiitakepilzen 37
Grünkernauflauf, einfacher 40
Joghurtcreme 46
Kichererbsen, bunte 40
Kressesuppe 32
Mangocreme 48
Rhabarber mit Streuseln 48
Selleriesalat mit Birne oder Apfel
    und Ananas 38
Selleriesuppe 33
Spinatsuppe 34
Tofu, eingelegter 49
Tofu-Gemüse-Pfanne 44
Weizenbrei 30
Zucchini-Gemüse-Platte 38

Trockenheit

Amarantcake 68
Apfelpüree 67
Auberginen-Dinkel-Gratin 59
Broccolisalat 58
Couscous mit Gemüse 62
Dinkelbrei 54
Frischlachsfilet, gefüllt, in der Folie 62
Gefüllte Datteln 70
Gerstenflockenfrühstück 54
Karotten-Avocado-Suppe 54
Kokoscreme mit Früchten 68
Mangoldgemüse 66
Mozzarella-Tomaten-Salat 58
Randen-Karotten-Salat 60
Rieslingsuppe 56
Roggen-Sesamknäckebrot
    mit Avocadoaufstrich 70
Selleriebällchen 64
Sesamkartoffeln 66

Sojagemüse 67
Spargelsalat 60
Spargelsuppe 56
Tomatensuppe 56

Feuchte

Ananas, gebacken 86
Birnen mit Ingwer 86
Bohnensalat mit Spargeln 78
Brennnesselsuppe 75
Gebratener bunter Reis 84
Gemüsesuppe mit Champignons 75
Haferflockenbrei 74
Hirse-Gemüse-Auflauf 82
Karotten-Rettich-Pfanne 84
Lauch mit Kartoffeln 83
Linsen aus dem Ofen 80
Maisbrei 74
Maissuppe 76
Popcorn 88
Risotto mit Erbsen und Spargeln 82
Topinamburchips 88
Topinambursalat 78

Kälte

Ananas aus dem Ofen
    mit Zimtrahm 106
Apfelschnitze mit würziger Sauce 107
Brombeersuppe 108
Buchweizenpfannkuchen
    mit Lauchfüllung 100
Dinkel-Crunchy 110
Dörrfrüchte mit gerösteten Nüssen 110
Feigenpüree 107
Geröstete Dinkel-Weizen-Flocken 92
Haferbrei 92
Karotten-Lauch-Suppe 92
Kartoffel-Gemüse-Curry 102
Kartoffelkräutersuppe 94
Kartoffeln mit Erbsen
    und Erdnüssen 106
Kraftsuppe 13
Kürbis mit Dinkelnudeln,
    überbacken 102
Kürbissalat 96

Lammfleischröllchen 104
Linsen-Mais-Salat 98
Linsensuppe 96
Nüsslisalat mit geröstetem Knob-
    lauchbrot 99
Schwarze Bohnen, lauwarm 99

Ausgewogene Ernährung

Artischocken-Tomaten-Salat,
    lauwarm 116
Auberginensalat 118
Bratlinge mit Sonnenblumen-
    kernen 122
Dinkelteigwaren mit Pesto 120
Dörrzwetschgenkompott 129
Erdbeersalat 129
Fenchelgemüse aus dem Ofen 122
Gefüllte Äpfel 130
Gemischter Blattsalat mit über-
    backenem Schafkäse 117
Gemüsebouillon 114
Kartoffelcarpaccio 120
Knuspriger Reis 114
Kräuterbaguette 132
Kürbis oder Karottenwürfel,
    mariniert 118
Linsensalat 117
Mais mit Früchten 114
Maiskolben mit Kräuterbutter 126
Roulade mit Nussfüllung 130
Schalenkartoffeln mit Saucen 124
Seezungenfiletrollen mit Gemüse 126
Spinat mit Zitrone und Bambus-
    sprossen 128
Strudel, rustikaler 124
Tomatenbaguette 132
Topinambursuppe 116